<그리스도인이면 꼭 알아야 할 성경 지식>

누가복음

제2권 안식일의 주이신 예수 그리스도(6-10장)

서울솔로몬학교 성경연수원

차 례

이 책에 인용된 성경 구절은 〈한글킹제임스성경〉입니다.

제1과

반석 위에 기초를 놓아 집을 지은 사람(6장)

『내게 와서 내 말들을 듣고 그것들을 행하는 사람이 누구와 같은가를 너희에게 보여 주리라』(눅 6:47).

"안식일의 주"이신 인자

『또 그들에게 말씀하시기를 "인자는 또한 안식일의 주니라."고 하시더라』(5절).

안식일에 주님께서 곡식밭을 지나가실 때 제자들이 이삭을 따서 손으로 비벼 먹었다. 바리새인 몇 사람이 "어찌하여 너희는 안식일에 해서는 아니 될 일을 하느냐?"라고 비난하자, 예수님께서는 『**너희는 다윗과 그의 일행이 시장해서 하였던 일을 읽어 보지 못하였느냐? 그가 하나님의 집에 들어가서, 오직 제사장들 외에 먹어서는 아니되는 차려 놓은 빵을 집어서 먹고, 일행에게도 주지 아니하였느냐?**』(3,4절)라고 대답하시면서 『**인자는 또한 안식일의 주니라.**』라고 말씀하셨다.

제자들이 한 행동은 율법 하에서 허락된 것으로서 율법은 『**네가 네 이웃의 베지 않은 곡식밭에 들어가면 네가 네 손으로 그 이삭들을 따도 되나 네 이웃의 베지 않은 곡식에 낫을 대지는 말지니라.**』(신 23:25)라고 말씀한다. 바리새인들이 문제 삼고 있는 것은 제자들이 그 일을 "안식일"에 했다는 것이다. 하나님께서는 안식일에 "나뭇가지를 거둬들인" 사람을 죽이게 하셨고(민 15:32-36), 그 날에 만나를 거두는 것조차 허락하지 않으셨기 때문에(출 16:5,22-30), 제자들은 분명 그 엄격한 율법을 어긴 것이 틀림없었다. 이에 대한 예수님의 답변(3,4절)은 율법에는 "**예외 사항들**"이 있다는 것이었다. 『**뿐만 아니라 제사장들이 안식일이면 성전 안에서 안식일을 범해도 죄가 되지 않는다는 것을 너희가 율법에서 읽어 보지 못하였느냐?**』(마 12:5). 구약 시대에 제사장들이 안식일에도 여전히 희생제물들을 드렸으며(민 29:32), 성막 안에 차려 놓는 빵도 날마다(즉 안식일에도) 신선하게 구워야 했다(출 25:30). 이스라엘 백성이 여리코를 정복할 때 그들은 칠 일 동안 (즉 안식일에도) 여리코성을 돌았지만(수 6:3,4) 하나님께서는 정죄하지 않으셨다. **인자께서는 또한 『안식일의 주』(5절) 이시기 때문에 안식일을 친히 제정하신 하나님으로서 안식일에 얼마든지 예외를 두실 수 있었다**.

또한 주님께서는 다른 안식일에 회당에 들어가셔서 오른손이 마른 사람을 치유해 주셨는데(7-10절), 이때 주님께서는 주님을 고소하려고 지켜보고 있던 서기관들과 바리새인들에게 『**내가 너희에게 한 가지 묻겠노라. 안식일에 선을 행하는 것이 타당하냐, 아니면 악을 행하는 것이 타당하냐? 생명을 구하는 것이 타당하냐, 아니면 죽이는 것이 타당하냐?**』(9절)라고 물으셨다. 이와 관련한 참조 구절은 다음과 같다. 『**주께서 그에게 대답하여 말씀하시기를 "너 위선자야, 너희 각자는 안식일에 외양간에서 자기 소나 나귀를 풀어서 물 먹이려고 끌고 가지 아니하느냐?**』(눅 13:15) 『**그들에게 대답하여 말씀하시기를 "너희 중에 누가 나귀나 소가 웅덩이에 빠지면 안식일이라고 해서 즉시 끌어내지 아니하겠느냐?고 하니**』(눅 14:5). 유대인들은 하나님의 허락하에서 안식일을 어길 수 있는 예외적인 경우가 있다는 점을 인식하지 못했다. 즉 사람에게든 짐승에게든 "**안식일에 선을 행할 때**"(마 12:12) 안식일을 어겨도 괜찮았던 것이다. 하지만 사람보다도 그들 자신의 짐승에게 더 많은 관심을 둠으로써 사람에게 선을 행하시는 주님을 그들은 정죄하고 죽이려 했다. 『**그러자 그들은 분노로 가득 차서 예수를 어떻게 할까 하고 서로 의논하더라**』(11절).

"안식일"은 이방인이나 하나님의 교회와 아무런 관련이 없는, 오로지 "이스라엘"에게만 주어진 표적이었다(출 31:13, 겔 20:12,20, 고전 1:22). 안식일은 "의식법"이었으며, "도덕법"이 아니었다. 안식일은 신약의 그리스도인들에게 어떤 구속력도 갖지 못한다. 『그러므로 음식으로나 마시는 것으로나 거룩한 날이나 새 달이나 안식일들에 관해서는 아무도 너희를 판단하지 못하게 하라』(골 2:16, cf. 롬 13:9).

예수님의 "평지 설교"

『주께서 그들과 함께 내려오셔서 평지에 서시니, 제자들의 무리와 또 온 유대와 예루살렘과 투로와 시돈의 해안에서 온 백성들의 큰 무리가 주의 말씀도 듣고 자기들의 병도 고침을 받으려고 왔으며 더러운 영들로 말미암아 괴로움을 당하는 사람들도 고침을 받더라. 온 무리가 주를 만지려고 애썼으니 이는 주에게서 능력이 나가 그들을 모두 낫게 하기 때문이더라』(17-19절).

주님께서는 산에 올라가셔서 하나님께 온 밤을 새우며 기도하셨다(12절). 목적은 제자들 가운데 사도들을 선정하시는 일에 관해 아버지와 상의하시기 위함이었으며, 그리하여 택하신 열둘을 "사도"라고 부르셨다(13절). 『**(베드로라고 이름지으신) 시몬과 그의 형제 안드레, 야고보와 요한, 빌립과 바돌로매, 마태와 도마, 알패오의 아들 야고보와 셀롯이라 하는 시몬, 야고보의 형제 유다와 유다 이스카리옷이니, 그는 또한 배반자였더라**』(14-16절). 『**사도**』(13절)라는 단어는 "보냄을 받은 자"를 의미하며, 그 사도들은 마태복음 10:5-7에서 『**이스라엘 집의 잃어버린 양에게**』 전파하라고 예수님께서 "보내신" 제자들이다. **선택된 사도들의 수가 "열둘"이라는 사실은 예수 그리스도의 지상 사역이 "유대**

인"과 관련되어 있음을 보여 주고, 이 "열둘"은 천년왕국에서 『이스라엘 열두 지파』를 다스리도록 세움받을 것이다(마 19:28).

주님께서는 산에서 열둘을 사도로서 택하신 뒤 그들과 평지로 내려오셔서 "평지 설교"를 하셨다(20-49절). 이것은 마태복음의 "산상 설교"가 아닌데, 이는 마태복음의 설교(마 5-7장)는 마태복음 10장에서 열두 사도들을 부르시기 전에 하신 것이고, 위치도 산이기 때문이다. 누가복음 6장의 "평지 설교"는 산에서 평지로 내려오신 이후에 하신 것으로, 산에서 열두 사도들을 택하신 뒤 그들과 함께 평지로 내려와서 하신 설교이다. 『**주께서 그들과 함께 내려오셔서 평지에 서시니**』(17절).

"평지 설교"에는 산상 설교에서 하셨던 것과 상당 부분 동일한 내용이 약간 변형된 형태로 다루어진다. 이는 설교할 가치가 있는 내용을 한 번 이상 반복하는 것과 같은 이치이다.

『그때 주께서 눈을 들어 제자들을 보시고 말씀하시기를 "너희 가난한 자들은 복이 있나니, 하나님의 나라가 너희의 것임이요, 지금 굶주리는 너희는 복이 있나니, 너희가 배부를 것임이요, 지금 우는 너희는 복이 있나니, 너희가 웃을 것임이라. 인자로 인하여 사람들이 너희를 미워하고, 그들의 동료들에게서 따돌리며, 욕하고, 너희의 이름을 악하다 하여 너희를 버릴 때 너희는 복이 있도다. 그 날에 기뻐하고 즐겁게 뛰놀라. 보라, 이는 너희의 상이 하늘에서 크기 때문이라. 그들의 조상도 선지자들에게 이같이 하였느니라』(20-23절).

20-23절은 마태복음 5:2-12의 "팔복"을 축약해 놓은 것이다. 23절과 26절의 『**그들의 조상**』이라는 표현은 "유대인들"의 조상들을 뜻하기 때문에 본문이 "유대인"의 메시아께서 "유대인" 제자들에게 말씀하시는 것임을 보여 준다.

마태복음의 "팔복"과 누가복음의 "팔복"의 뚜렷한 차이점은 가난한 자들을 위한 "**보상**"이 마태복음에서는 『**천국**』(마 5:3)이고 누가복음에서는 『**하나님의 나라**』(눅 6:20)라는 점이다. 천국은 『**힘으로**』(마 11:12) 차지할 수 있는 "물리적인" 왕국이고, 하나님의 나라는 "영적인" 왕국이다. 『**하나님의 나라는 먹고 마시는 것이 아니라 다만 성령 안에서 의와 화평과 기쁨이라**』(롬 14:17). **예수님께서 지상에 계실 때는 "두 왕국"의 왕께서 계시는 것이기 때문에 "천국"과 "하나님의 나라"가 지상에 동시에 존재하고 있었다**. 그러나 유대인들이 그들의 왕을 거절하자, 물리적인 왕국은 주님께서 권능으로 다시 오실 때까지 연기되었고, 내적이고(눅 17:21) 영적인 하나님의 나라에는 새로운 출생을 통해서 들어올 수 있게 되었다(요 3:5). 이 영적인 왕국은 왕께서 다시 오시어 통치하실 때 눈으로 "볼" 수 있게 된다(요 3:3). 왕께서 권능으로 돌아오실 때, 물리적인 왕국과 영적인 왕국이 지상에 동시에 존재하게 되는 것이다.

『그러나 부자들아, 너희에게 화 있으리라! 이는 너희가 너희의 위로를 이미 받았기 때문이라. 배부른 너희에게 화 있으리라! 이는 너희가 굶주릴 것임이요, 지금 웃는 너희에게 화 있으리라! 이는 너희가 애통하며 울 것임이라. 모든 사람이 너희를 칭찬할 때 너희에게 화 있으리라! 이는 그들의 조상도 거짓 선지자들에게 그렇게 하였기 때문이라』(24-26절).

누가복음 6장의 "평지설교"에는 마태복음의 산상설교에 없는 "화 있으리라!"라는 저주가 언급된다. 주 예수 그리스도께서 돌아오시기 전인 대환란 시대에는 부자가 저주를 받고 가난한 사람이 복을 받는다. 왜냐하면 대환란 시대에 돈을 벌 수 있는 유일한 방법이 짐승의 표를 받는 것이기 때문이다(계 13:17). 야고보서 5:1-8에서 부자가 저주를 받는 것도 동일한 이유 때문이며, 야고보서의 문맥 역시 "주님께서 오시기" 직전이다. **『이제 오라, 너희 부자들이여, 너희에게 닥칠 재난으로 인하여 울고 통곡하라. 너희의 재물은 썩었고, 너희의 의복은 좀먹었으며 너희의 금과 은은 녹이 슬었으니, 이것들의 녹이 너희에게 증거가 되어 불같이 너희 살을 먹으리라. 너희가 마지막 날들을 위한 재물을 쌓았도다.... 그러므로 형제들아, 주께서 오실 때까지 인내하라. 보라, 농부가 땅에서 나는 귀한 열매를 바라고 이른 비와 늦은 비를 받을 때까지 오래 참나니 너희도 인내하며 마음을 견고케 하라. 주의 오심이 가까움이라』**(약 5:1-3,7,8). 따라서 누가복음에서 강조하는 것은, 유대인이 영적인 왕국을 얻을 수 있으려면 원수들에게 당하는 물리적인 고난을 견뎌내야만 한다는 것이다. **『그러나 끝까지 견디는 자는 구원을 받으리라』**(마 24:13).

『모든 사람이 너희를 칭찬할 때 너희에게 화 있으리라!』(26절) 말하자면 빌리 그레이엄처럼 세상에서 칭찬받는 사람은 하나님께 저주받은 사람이다. **『사람들 가운데서 크게 높임을 받는 것이 하나님 보시기에는 가증스러움이니라』**(눅 16:15).

평지 설교의 "문제의 구절들"

『네 한쪽 뺨을 때리는 자에게 다른 쪽도 돌려 대며, 또 너의 외투를 빼앗는 자에게 네 웃옷까지 가져가는 것을 금하지 말라. 또 너에게 구하는 모든 사람에게는 주고 네 것을 빼앗아 가는 자에게 돌려 달라고 하지 말라』(29,30절).

29,30절은 신약의 그리스도인들에게 "교리적으로" 적용되지 않는다. 다른 쪽

빰도 돌려대라는 이 첫 번째 내용이 좋은 사례인데, 대제사장의 관원들 중 하나가 예수님의 얼굴을 쳤을 때, 주님께서는 다른 쪽 빰을 돌려대시지 않았다. 『**모욕을 당하셨으나 다시 모욕으로 갚지 아니하셨고, 고통을 당하셨으나 위협하지**』 않으신 것은 사실이지만(벧전 2:23), 다른 쪽 빰을 돌려 대지는 않으셨으며, 오히려 『**만일 내가 잘못 말하였으면 잘못된 것에 대하여 증거를 대라**[즉 율법에 호소하심]. **그러나 내가 올바른 말을 했는데 어찌하여 네가 나를 치느냐?**』(요 18:23)라고 하셨다. 사도 바울 역시 대제사장이 그를 치라고 명령했을 때 화를 내며 다음과 같이 말했다. 『**이 회칠한 벽이여, 하나님께서 당신을 치시리라. 당신이 율법에 따라 나를 심판하려고 앉아서 율법을 거역하여 나를 치라고 명령하느냐?**』(행 23:3) 예수님과 바울은 "누군가 치거나 치려고 할 때" 율법에 호소하면서(신 25:1,2) "다른 빰을 돌려대지" 않았다.

『판단하지 말라, 그리하면 너희도 판단받지 않을 것이요』(37절).

우리에게 『**판단하지 말라.**』라고 명령하신 주님께서는 『**의로운 심판으로 판단하라.**』(요 7:24)라고도 명령하셨다. 또한 성경은 영적인 사람은 『**모든 것들을 판단**』(고전 2:15)한다고 가르치고, 『**밖에 있는 자들을 판단하는 것이야 내게 무슨 상관이 있으리요마는 안에 있는 사람들이야 너희가 판단하지 아니하겠느냐?**』(고전 5:12)라고 말씀한다. 말하자면 누가복음 6:37은 판단 자체를 하지 말라는 뜻이 아니다. 사람을 판단하는 그 판단으로 동일하게 판단받게 되기 때문에 자신을 살펴보고 판단에 주의하라는 의미이다(마 7:1-5). 또한 고린도전서 2:13,15(『**또한 우리가 그것들을 말하되 인간의 지혜가 가르치는 말로 하지 아니하고 성령께서 가르치시는 말로 하나니 영적인 일들을 영적으로 비교하여 말하느니라... 영적인 사람은 모든 것들을 판단하나 자신은 아무에게도 판**

단을 받지 아니하느니라.』)은 영적인 사람은 하나님의 말씀을 서로 비교하여 말함으로써 "말씀을 근거로" 모든 것들을 판단할 수 있다는 의미이며, 고린도전서 5:12은 "밖에 있는 사람들"(구원받지 않은 사람들)에 대한 판단에 관여하는 것은 그리스도인이 해야 할 일이 아니며 교회 안에서 벌어진 죄에 대해 판단하는 것은 정당하다는 점을 말하고 있다. 『**나무마다 그 열매로 아나니, 가시나무에서 무화과를 얻지 못하며 찔레나무에서 포도를 얻지 못하느니라**』(44절). 즉 그리스도인은 "열매"를 보고서 판단해야 될 때가 있다!

반석 위에 기초를 놓으라

『그런데 어찌하여 너희는 나를 '주여, 주여.'라고 부르면서도 내가 말하는 것들을 행하지 아니하느냐? 내게 와서 내 말들을 듣고 그것들을 행하는 사람이 누구와 같은가를 너희에게 보여 주리라. 그는 땅을 깊이 파고 반석 위에 기초를 놓아 집을 지은 사람과 같아서 홍수가 나고 탁류가 그 집을 휩쓸어도 흔들지 못하니, 이는 그 집이 반석 위에 세워졌음이라. 그러나 듣고 행하지 않는 자는 기초가 없이 땅 위에다 집을 지은 사람과 같으니, 탁류가 휩쓸면 곧 무너져서 그 집의 파괴됨이 크니라."고 하시더라』(46-49절).

『**그런데 어찌하여 너희는 나를 '주여, 주여.'라고 부르면서도 내가 말하는 것들을 행하지 아니하느냐?**』(46절) 성경의 가장 위대한 질문들 중 하나이다. 그와 관련하여 주님께서는 『**너희가 나를 사랑하면 나의 계명들을 지키라.**』(요 14:15)라고 하셨고, 사도 야고보는 『**그러나 너희는 말씀을 행하는 자가 되고,**

단순히 듣기만 하는 자가 되어 자기 자신을 속이지 말라.』(약 1:22)라고 기록했다.

46절의 원리에 대한 실제적인 예가 48,49절에 나온다. "행위"를 강조하고 있기에 신약의 구원과는 아무런 관계가 없다. "교리적으로" 그 『**집**』은 오직 『**이스라엘 집**』(출 16:31, 레 17:3, 수 21:45, 룻 4:11, 삼하 1:12, 마 10:6; 15:24, 행 7:42)을 가리킨다. 따라서 집을 짓는 사람들은 이스라엘의 두 부류의 사람들을 말하는 것인데, 구약성경에서 우리는 모든 이스라엘이 구원을 받는 것이 아니라 이스라엘의 남은 자만 구원을 받는다는 말씀을 종종 보게 된다(사 10:20-22; 11:11,16, 렘 23:3). **말씀을 지켜 행한 이스라엘 집의 사람들은 구원을 받고, 말씀을 지켜 행하지 않은 이스라엘 집의 사람들은 구원을 받지 못한다.** 이 점은 출애굽 당시 이집트를 나온 모든 백성이 카나안 땅에 들어간 것이 아니라, 많은 백성이 광야에서 죽고 일부만 들어간 것으로도 알 수가 있다. 또한 느부캇넷살의 침공 때, 그동안 하나님께 복종하지 않았던 이스라엘 집은 느부캇넷살에 의해 파괴되었고(렘 35:15-17). 그 집의 『**파괴됨**』이 얼마나 "컸는지"(눅 6:49)를 "**예레미야 애가**"에서 노래하고 있다.

특히 심판의 도구가 "**물**"이라는 점을 주목하라. 이것은 분명 "**대환란 때의 이스라엘의 남은 자들**"과 관련이 있다. 『**그때 그 여인이 큰 독수리의 두 날개를 받았는데, 이는 그녀가 광야에 있는 자기 처소로 날아가서 그곳에서 그 뱀의 낯을 피하여 한 때와 두 때와 반 때를 부양받으려 함이더라. 그 뱀이 여인 뒤에다 자기 입에서 물을 홍수같이 쏟아 그 여인을 홍수에 떠내려가게 하려 하되 그 땅이 그 여인을 도와 그 입을 벌려 용이 그 입에서 쏟은 홍수를 삼켜 버리더라. 그러자 그 용이 여인에게 분노하여 여인의 씨 가운데 남은 자들, 즉 하나님의 계명들을 지키며 예수 그리스도의 증거를 가진 자들과 싸우려고 나가더라**』(계 12:14-17).

그러므로 누가복음 본문에서 주님의 말씀을 듣고 행하는, 집을 반석 위에 지은 사람은 대환란 때 "**하나님의 계명들을 지키는**" 이스라엘의 "**남은 자들**"에게 적용될 수 있다. 대환란 때 계명들을 듣고 행하지 않은 유대인들은 모래 위에 집을 지은 사람과 같아서 대환란 때 끝까지 견디지 못하고 떨어져 나간다. 반면에 이스라엘의 남은 자들은 대환란 때의 "**홍수**"를 버텨 내고 광야에서 하나님께 특별한 부양을 받고서 구원받아 천년왕국을 상속받는다.

■ 새롭게 깨달았거나 적용할 내용이 있다면 적어 보세요. ■

제1과
복습문제

1. 인자께서는 또한 "안식일의 (   )"이시기 때문에 안식일을 친히 제정하신 하나님으로서 안식일에 얼마든지 예외를 두실 수 있었다.

2. "안식일"은 이방인이나 하나님의 교회와 아무런 관련이 없는, 오로지 (   )에게만 주어진 표적이었다.

3. 선택된 사도들의 수가 "열둘"이라는 사실은 예수 그리스도의 지상 사역이 (   )과 관련되어 있음을 보여 준다.

4. 주님께서 산에 올라가셔서 하나님께 온 밤을 새우며 기도하신 목적은 제자들 가운데 (   )을 선정하시는 일에 관해 (   )와 상의하시기 위함이었다.

5. 예수님께서 지상에 계실 때는 "두 왕국"의 (   )께서 계시는 것이기 때문에 "천국"과 "하나님의 나라"가 지상에 동시에 존재하고 있었다.

■ 새롭게 깨달았거나 적용할 내용이 있다면 적어 보세요. ■

NOTES

NOTES

제2과

하나님께서 자기 백성을 찾아오셨도다(7장)

『모든 사람이 두려움에 사로잡혀 하나님께 영광을 돌리며 말하기를 "한 위대한 선지자가 우리 가운데 일어나셨으며 또 하나님께서 자기 백성을 찾아오셨도다."라고 하더라』(눅 7:16).

백부장의 종을 치유하심(1-10절)

예수님께서는 초기 갈릴리 사역을 시작하시면서 방문하셨던(마 4:12,13) 카퍼나움으로 들어가신다(1절). 그곳에는 어떤 백부장이 있었는데 그에게 총애를 받던 한 종이 병들어 죽게 되었다. 그런데 백부장이 예수님께서 카퍼나움에 오셨다는 소식을 듣고서는, 유대인의 장로들을 주께 보내어 오셔서 자신의 종을 치유시켜 달라고 간청한다(2,3절). 동일한 상황이 기록되어 있는 마태복음 8:5-13의 말씀과 비교해 보면 백부장의 종이 걸렸던 병은 중풍병이었다는 사실을 알 수 있다. 그리고 마태복음에서는 백부장이 직접 주님께 종의 치유를 간구한 것으로 기록되어 있지만, 그가 직접 간 것이 아니라 유대인들을 통해 예수 그리스도께로 나아갔다는 사실을 알 수 있다. 이후 그의 친구들을 통해 주님께로 나아갔던 것과 마찬가지다(6절). 백부장 자신이 직접 예수님께로 나아가지 않고 유대인들과 자신의 친구들을 보냈던 것은, 죄인인 자신이 주님께 나아가는 것은 전혀 합당치 않다고 생각했기 때문이었다(7절).

백부장의 부탁을 받은 유대인들은 예수님께 가서 그 백부장의 부탁을 들어줄만 하다고 말한다(4절). 그가 유대인들을 위해 회당을 지어 주었을 뿐만 아니라 유대 민족을 사랑했기 때문이었다(5절). 이처럼 유대 민족을 사랑했던 이방 백부장의 마음은 오늘날 모든 그리스도인이 지녀야 할 마음이다. 왜냐하면 하나님께서 유대인들에 대해 다음과 같이 말씀하시기 때문이다.

『복음에 관하여는 그들이 너희로 인하여 원수가 되었으나 선택에 있어서는 그들의 조상으로 인하여 사랑을 받는 자들이라』(롬 11:28). 『예루살렘의 화평을 위하여 기도하라. 너를 사랑하는 자

> 들은 번성하리로다』(시 122:6). 『너를 축복하는 자들에게 내가 복을 주고 너를 저주하는 자를 저주하리라. 네 안에서 땅의 모든 족속들이 복을 받을 것이라." 하셨더라』(창 12:3).

특히나, 유대 민족을 사랑하고 선대하는 것은 교리적으로 대환란 기간에 있을 이방인들의 구원과 직결되어 있다. 물론 지금 교회 시대는 우리가 행한 의로운 행위에 의하지 않고 주님의 자비하심에 따라 중보자이신 예수 그리스도를 믿는 믿음을 통해 구원받는다(엡 2:8,9, 롬 5:1, 딛 3:5). 하지만 대환란 기간에 이방인이 구원받기 위해서는 유대인들을 선대해야 한다. 왜냐하면 예수 그리스도께서 재림하셔서 이방 민족들을 심판하실 때, 주님께서는 대환란 때 "**그들이 유대인들을 어떻게 대우했는가**"에 따라 심판하실 것이기 때문이다(마 25:35-46).

이제 카퍼나움의 백부장은 권위 있는 자의 말에 권위 아래에 있는 자가 순종하는 원리를 적용하여 주님께서 자기 종의 중풍병을 고쳐주실 권위를 가지신 분이심을 믿고 주님께서 어렵게 오실 것이 아니라 말씀만 하시면 병이 나을 것을 믿고 구했다(6절). 예수님께서는 이에 대해 『**이스라엘 중에서 이처럼 큰 믿음을 본적이 없나니, 결코 없도다.**』라고 말씀하셨다. 이후에 하신 말씀이 마태복음 8:11,12에 기록되어 있는데 여기서 "**왕국의 자녀들**"을 언급하고 계신다.

> 『또 내가 너희에게 말하노니, 많은 사람들이 동과 서에서 와서 아브라함과 이삭과 야곱과 더불어 천국에 앉으려니와 그 왕국의 자녀들은 바깥 흑암에 던져져서 거기에서 울며 이를 갈고 있을 것이라." 하시고』(마 8:11,12).

"**왕국의 자녀들**"이라는 표현은 마태복음의 교리적 특징을 반영하는 말씀이다. 왕국의 축복은 유대인들에게, 곧 왕국의 자녀들에게 약속된 것이었다. 그럼에도 이를 거부한 왕국의 자녀들 곧 유대인들은 믿음 없음으로 인하여 천국에 들어가지 못하고 바깥 흑암에 던져질 것이지만, 백부장과 같은 믿음을 지닌, 동과 서에서 온 이방인들은 왕국의 축복에 참여하는 모습을 보여 주고 있는 것이다. 또한 백부장이 유대인들을 통해 그리스도께 나아갔던 것처럼, 천년왕국에서 이방인들은 아브라함과 이삭과 야곱, 곧 유대인들을 통하여 그리스도께서 나가게 되는 것이다(슥 8:21-23).

나인성 과부의 아들을 살리심(11-17절)

주님께서는 갈릴리 바다 북쪽 해변에 있는 카퍼나움에서 나사렛 남동쪽에 위치해 있고 므깃도 골짜기로 내려가는 북쪽 경사진 곳에 자리 잡은 "**나인**" 성읍으로 가신다. 이곳은 카퍼나움에서 약 40km 떨어져 있는 곳이다. 주님께서는 그곳 사마리아를 거쳐 가셔서(요 4:4) 과부의 죽은 아들을 살리셨다. 복음서에는 그리스도께서 죽은 자들로부터 누군가를 살리신 세 사건이 기록되어 있다. 마가복음 5:42에서 나오는 야이로의 딸이 있고(동일한 사건이 누가복음 8장에도 기록되어 있다), 누가복음 7장에서 나인 성읍의 과부의 아들이 있으며, 요한복음 11장에 등장하는 나사로가 있다. 이 세 부활을 통해 얻을 수 있는 교훈이 있다. 먼저 주님께서 돌아오실 때에는 우리가 죽은 지 아무리 오래 되었다 해도 "**부활하여 들림받게**" 된다는 사실이다. 이제 막 죽었든지, 장의사가 시신에 방부 처리를 했든지, 몸이 썩어서 흙이 되었든지 간에 『**이 썩을 몸이 반드시 썩지 아니할 몸을**』 입는 데에는(고전 15:53) 아무런 문제가 없다. 또한 구원과 연관된 영적인 교훈도 얻을 수도 있다. 마가복음 5장의 열두 살 된 소녀는 즉시 일어나 걸었다. 반면에 누가복음 7장에서 나인성 과부의 젊은 청년은 즉시 일어나 걷지 못하고 먼저 앉아서 말하기 시작했다. 마지막으로 나사로는 일어나서 걷거나 앉거나 말하지 못했다. 살아난 후에도 여전히 수의로 동여져 있어서 다른 사람의 도움을 받아 비로소 풀려나 다닐 수 있었다. 어린 나이에 구원을 받을수록 상대적으로 회복해야 할 악한 삶, 해결해야 할 죄가 더 적은 법이다.

예수 그리스도께서 죽었던 나인 성읍 과부의 아들을 살려 주시자 『**모든 사람이 두려움에 사로잡혀 하나님께 영광을 돌리며 말하기를 "한 위대한 선지자가 우리 가운데 일어나셨으며 또 하나님께서 자기 백성을 찾아오셨도다."라고 하더라.**』(16절)라고 말한다. 실로 모세와 같은 선지자이신 예수 그리스도께서는(행 3:22-26) 이사야가 그분의 메시아적인 이름을 제시한 바와 같이 『**임마누엘**』, 곧 『**우리와 함께하시는 하나님**』이시다(마 1:23). 본문 16절 말씀과 누가복음 1:68, 마태복음 1:21-23의 말씀에서 하나님의 백성은 일차적으로 "**<u>유대인들</u>**"이지 "**<u>그리스도인들</u>**"이 아니다. 하지만 유대인들이 메시아로 오신 예수 그리스도를 거절한 이후에(롬 11:11) 이방인인 우리도 하나님의 백성이 될 수 있는 문이 열렸다(엡 2:12,13, 행 15:14). 이 얼마나 감사한 일인가! 그런데 그 문이 서서히 닫히고 있다. 이제 곧 교회가 휴거되고 나면 하나님께서는 다시 그분의 백성인 유대인들을 다루실 것이다.

침례인 요한의 질문에 답하신 예수 그리스도(18-23절)

침례인 요한은 성령께서 비둘기처럼 하늘로부터 내려오시어 그리스도 위에 머무시는 것을 보았다(요 1:33). 또한 그는 예수 그리스도를 보며 『**보라, 세상 죄를 제거하는 하나님의 어린양이라.**』(요 1:29)라고 말했고 『**그분은 흥성해야**

만 하나 나는 쇠잔해야만 하리라.』(요 3:30)라고 말했다. 그런데 이제 그가 감옥에 갇혀(마 11:2) "**쇠잔해지면서**" 예수 그리스도에 대해 의문을 갖게 된다. 그래서 그의 제자 둘을 보내 예수님께서 오실 그분이신지 아니면 다른 분을 기다려야 하는지 물어보게 한다. 사실 그 누구도 침례인 요한이 겪었던 일을 실제로 경험해 보지 않거나, 최소한 그런 일들을 겪었던 증인들의 증거들에 대해 잘 알고 있지 않다면 요한의 의심을 나무랄 수 없다. 그는 『**엘리야의 영과 능력을 가지고**』(눅 1:17) 메시아를 위해 길을 예비하는 선지자가 되어야 했는데, 지금 감옥에 갇혀 있다. 예수님께서 권능으로 그분의 왕국을 세우시고 이방 나라들을 파멸시키신다는 모든 예언들을 성취하실 것을 기대했는데, 그런 일이 일어나지 않은 것이다. 결국 그의 마음은 흔들렸고, 과연 예수님께서 어떤 분이신지에 대한 의문을 그분께 제기했던 것이다. 그런데 예수님께서는 요한이 보낸 제자들에게 즉시로 대답하지 않으신다. 대신 그들 앞에서 여러 가지 기적들을 행하신다(21절). 주께서 그들에게 대답해 주실 때에도, "**내가 요한이 오기를 바라던 그 사람이다.**"라고 말씀하지 않으신다. 그 대신에 자신이 행하셨던 그 기적들을 보고 들은 그대로 요한에게 전하라고 말씀하신다(22절). 왜냐하면 요한은 유대인이었기에 표적을 구했고(고전 1:22) 따라서 예수님께서는 요한에게 메시아로서 행하신 그분의 표적들을 제시하신 것이다.

침례인 요한에 관해 증거하신 예수님(24-30절)

예수님께서 요한의 제자들이 자리를 떠날 때까지 침례인 요한에 대해 자랑하시지 않는다. 이처럼 면전에서는 꽤 거칠게 대하셔도 등 뒤에서는 오히려 강력하게 변호해 주시는 것이 바로 주님의 방식이다. 욥을 다루실 때도 이같이 하셨다. 사탄이 욥을 고소할 때, 주님께서는 그가 얼마나 의로운 사람인지 자랑하신다(욥 1:8-11). 하지만 욥기 끝에서 주님이 욥과 마주하실 때에는 이렇게 말씀하신다. 『**지식이 없는 말로 이치를 어둡게 하는 이 자가 누구냐?**』(욥 38:2) 주님께서는 광야에 있는 이스라엘을 향해서도 동일하게 행하시는데, 민수기 11-21장에서는 그들을 닥치는 대로 죽이시는 반면, 발라암이 그들을 저주하려 할 때는 그들에게서 어떤 죄악도 보지 않으셨다고 말씀하시는 것이다(민 23:21). 이것이 주님께서 그분의 자녀들을 채찍으로 징계하시는 한 방법이다.

『내가 너희에게 말하노니 여인에게서 난 사람 가운데 침례인 요한보다 더 큰 선지자는 없느니라. 그러나 하나님의 나라에서는 가장 작은 자일지라도 그보다 더 크니라."고 하시더라』(28절).

28절을 설명해 주고 있는 본문은 누가복음 16:16이다. 『**"율법과 선지서들은 요한까지요, 그후로는 하나님의 나라가 전파되어 사람마다 그 안으로 밀고 들어가느니라.**』 침례인 요한은 구약의 역대 선지자들 가운데 마지막 선지자이다. 그는 메시아의 도래를 알리는 사람이기 때문에(27절) 그 모든 선지자들 중에서 가장 위대하다. 구약의 주제는 다윗과 그의 후손들이 그 보좌 위에 앉게 되는, 지상에 세워질 눈에 보이고 물리적이며 문자적인 왕국이다(삼하 7장, 시 2편, 렘 33장 등). 예수 그리스도께서 나타나실 때 합법적인 상속자들인 유대인들에게 그 왕국(천국)을 제시하지만, 그들이 그 왕을 거부함으로써 왕국은 구약에서 반복적으로 예언된 대로(시 18,110편, 사 63장, 슥 12,14장 등) 왕께서 권능으로 돌아오실 때까지 2천 년 이상이나 연기된다. 그때까지는 또 하나의 왕국인 "영적인 왕국"(롬 14:17, 눅 17:21, 마 6:33)이 "새로운 민족"에게 제시되는데(마 21:43), 이 민족은 여인에게서(28절) 나지 않은 백성의 민족이다(벧전 2:9; 1:23). 왜냐하면 그들은 "새로운 출생", 곧 "영적인 출생"을 통해 태어난 자들이기 때문이다(요 3:3,5).

『**하나님의 나라에서는 가장 작은 자일지라도**』 침례인 요한보다 더 큰 이유는, 침례인 요한이 구약의 율법 아래 있는 구약의 선지자로서(16:16) 새로운 출생을 경험한 사람이 아니었기 때문이다. 침례인 요한은 결코 그리스도의 영적인 몸 안으로 침례를 받은 적이 없었으며(3:16) 그리스도의 신부에 속하지 않았다(요 3:29). 침례인 요한은 그 안에 영광의 소망(골 1:27)이신 그리스도께서 계시지 않았다. 교회 시대에 구원받은 사람은 침례인 요한과는 비교할 수 없을 정도로 그리스도 안에서 그 모든 것을 소유한 사람이 되기에 침례인 요한보다 더 큰 자가 되는 것이다.

말씀을 거부한 세대를 힐책하시는 예수님(31-35절)

주께서는 "**이 세대의 사람들을 무엇에다 비교할까? 그들은 무엇과 같은가?**"라는 질문을 던지시고 다음과 같이 말씀하셨다.

『그들은 장터에 앉아 있는 어린 아이들이 서로 부르며 말하기를 '우리가 너희를 향해 피리를 불어도 너희가 춤을 추지 아니하며 우리가 너희를 향해 애통하여도 너희가 울지 아니하였도다.' 함과 같으니라. 침례인 요한이 와서 빵도 먹지 않고 포도주도 마시지 아니하므로 너희가 말하기를 '그가 마귀들렸다.' 하고 인자가 와서 먹고 마시니 너희는 말하기를 '보라, 탐식하는 자요, 술을 즐기는 자며, 세리들과 죄인들의 친구로다!' 하는도다. 그러나 지혜는 자기의 모든 자녀들로 인하여 옳다고 인정을 받느니라."고 하시더라』(32-35절).

이것은 그들이 침례인 요한과 예수님의 말씀을 듣지 않았음을 지적하신 것이었다. 말씀을 거부하는 세대, 요한과 예수 그리스도를 왜곡하는 세대라고 말씀신 것이다. 요한이 먹지도 마시지도 않자 "그가 마귀들렸다"라고 하고, 예수 그리스도는 먹고 마시니 "탐식하는 자요, 술을 즐기는 자며, 세리들과 죄인들의 친구로다"라고 비방했다. 교회 시대를 통해서 예나 지금이나 세상은 하나님의 종과 교회들에게 이와 같은 방식의 왜곡된 비방을 한다. 한편 주님께서 하신 말씀은 주님을 따르던 사람들이 옳다는 사실을 분명하게 선포해주신 것이었다.

죄인들의 죄와 자기 의에 대한 교훈(36-50절)

바리새인 중에서 한 사람이 자기와 함께 음식을 들자고 주께 청했고, 주님께서는 그 바리새인의 집에 들어가서 식사하려고 앉으셨다. 이제 한 여인이 예수님의 발에 향유를 붓는다. 그러자 주를 초대한 바리새인은 예수님께서 정말로 선지자시라면 자신을 만지는 그 여인이 어떤 사람인지 아셨을 것이라고 말한다. 이에 예수님께서는 빚진 자에 관한 비유를 말씀하시고는(41-43절) 죄인이었던(37,39절) 그 여인이 많이 사랑하기에 그녀의 많은 죄들 또한 용서 받았다고 말씀하신다(47절). 여기서 예수 그리스도께서는 그분의 신성을 나타내 보이신다(48절, 5:21-24). 왜냐하면 죄들을 용서하는 권세는 하나님께서만 가지고 계신 권세이기 때문이다. 사실 예수 그리스도께서는 "육신으로 나타나신 하나님"(딤전 3:16)이셨기에 이 여인의 죄들을 용서하시며 자기 자신을 하나님과 동등하게 여기신 것은 지극히 당연한 일이었다. 하지만 주님과 함께 앉아 식사하던 사람들은 속으로 "이 사람이 누구이기에 죄들도 용서하는가?"라고 말했다. 그러나 주님께서는 그 여인에게 "네 믿음이 너를 구원하였으니 평안히 가라"라고 말씀하셨다. 이 여인은 자신의 행위로 믿음을 나타내 보였다. 주님께서는 계속 그녀의 행위를 언급하셨고, 이는 시몬과 함께 있던 사람들도 보고 알 수 있는 것이었다. 결국 그녀는 죄를 용서받는데, 믿음의 진실함을 증거로 보여주는 행위였다(약 2:14-26). 그러나 주님께서 그녀의 죄들이 용서되었다고 말씀하신 후에 마지막으로 하신 말씀은 『**네 믿음이 너를 구원하였으니 평안히 가라.**』(50절)는 말씀이었다. 당시는 구약이었으나, 동시에 과도기적 상황이었기에 믿음이 그를 구원했다고 말씀하신 것이다.

『**네 믿음이 너를 구원하였으니 평안히 가라**』(50절). 사도 바울은 이렇게 기록했다. 『**그러므로 우리가 믿음으로 의롭게 되었으니 우리 주 예수 그리스도를 통하여 하나님과 화평을 갖느니라**』(롬 5:1). 하나님께서는 그리스도인들에게 지금 가장 좋은 것들을 주신다. 진정한 문제가 무엇인지 알고 싶다면 하루의 물 한 모금, 하루의 한 끼를 위해 하루를 바치는 그마저도 보장받지 못한 채 하루하루 생사의 문제와 씨름하고 있는 아프리카와 같은 곳에 가 보라. 당신이 처한 지금의 문제들이 다 하찮게 보일 것이다. 하나님의 말씀을 믿는다면, 그 믿음이 있다면 그 믿음이 당신을 구원한다. 하나님의 말씀에 기록된 약속을 붙잡으라. 그리고 그 안에서 평강을 누리라. 『**그리하면 모든 지각을 초월하시는 하나님의 평강이 그리스도 예수 안에서 너희의 마음과 생각을 지키시리라**』(빌 4:7).

■ 새롭게 깨달았거나 적용할 내용이 있다면 적어 보세요. ■

제2과
복습문제

1. 유대 민족을 사랑하고 선대하는 것은 교리적으로 대환란 기간에 있을 이방인들의 구원과 직결되어 있다. (O , X)

2. "왕국의 자녀들"이라는 표현은 마태복음의 교리적 특징을 반영하는 말씀이다. (O , X)

3. 『하나님의 나라에서는 가장 작은 자일지라도』(눅 7:28) 침례인 요한보다 더 큰 이유는, 침례인 요한이 구약의 율법 아래 있는 구약의 선지자(16:16)로서 새로운 출생을 경험한 사람이 아니었기 때문이다. (O , X)

4. 구약의 주제는 다윗과 그의 후손들이 그 보좌 위에 앉게 되는, 지상에 세워질 눈에 보이고 물리적이며 문자적인 왕국이다. (O , X)

5. 예수 그리스도께서는 육신으로 나타나신 하나님(딤전 3:16)이셨기에 주님의 발에 향유가 든 옥합을 깨뜨렸던 그 여인의 죄들을 용서하시며 자기 자신을 하나님과 동등하게 여기신 것은 지극히 당연한 일이었다. (O , X)

■ 새롭게 깨달았거나 적용할 내용이 있다면 적어 보세요. ■

NOTES

제3과
씨 뿌리는 자의 비유
(8장)

『주께서 말씀하시기를 "너희에게는 하나님의 나라의 신비들이 알도록 허락되었지만, 다른 사람들에게는 비유로 하나니, 이는 그들이 보아도 보지 못하며 들어도 깨닫지 못하게 하려 함이니라. 이제 그 비유는 이것이라. 씨는 하나님의 말씀이요』(눅 8:11).

무르익는 갈릴리 사역

누가복음 8장은 주 예수님께서 갈릴리 지역의 모든 성읍과 마을에 두루 다니시면서 하나님의 나라의 기쁜 소식을 전파하시던 때의 일을 생생하게 기술한다. 열두 제자와 막달라 마리아, 요안나, 수산나를 비롯한 여러 다른 여인들도 주님을 섬겼으며 각 성읍으로부터 많은 사람들이 주님께로 모여들었다(1-4절). 이 당시 주님께서는 퍽 "인기 있는" 거리 설교자이셨다. 하나님의 나라에 관한 말씀을 선포하시기만 하셨던 게 아니라 그분 스스로가 "모세와 같은 한 선지자"(신 18:15-22)임을 증명하는 표적도 종종 함께 제시하셨기 때문이었다.

씨 뿌리는 자의 비유

『이제 그 비유는 이것이라. 씨는 하나님의 말씀이요, 씨가 길가에 떨어졌다는 것은 그들이 들으나 마귀가 와서 그들의 마음에서 말씀을 빼앗아 가 버리므로 믿지도 구원받지도 못하는 자들이요 씨가 바위 위에 떨어졌다는 것은 말씀을 듣고 기쁨으로 받아들이지만 뿌리가 없으므로 잠시 믿다가 시험을 받을 때면 떨어져 나가는 자들이라. 씨가 가시떨기 사이에 떨어졌다는 것은 말씀을 듣기는 들어도 가서 이생의 염려와 부와 쾌락에 억눌려 온전함에 이르는 열매를 맺지 못하는 자들이요 씨가

> 좋은 땅에 떨어졌다는 것은 정직하고 선한 마음으로 말씀을 듣고 지켜서 인내로 열매를 맺는 자들이라』(11-15절).

예수님께서 씨 뿌리는 자의 비유를 말씀하시는 내용은, 공관복음에 해당하는 세 개의 책 모두에 실려 있다. 주목해 볼 만한 점은 누가복음과 마가복음은 "씨"를 "하나님의 말씀"(마가복음은 "말씀")으로 묘사하면서 이 비유가 "하나님의 나라의 신비들"(10절)에 대한 것임을 설명하는데 반해, 마태복음은 "씨"가 "왕국의 말씀"(마 13:19)이며 "천국의 신비들"(마 13:11)에 대한 것이라고 설명한다는 점이다. 유대인의 왕으로서의 주님을 조명하는 마태복음은 누가복음이나 마가복음보다 훨씬 더 유대인 중심적으로 서술되어 있기 때문에 발생하는 차이이다. 따라서 유대인이 아닌 우리들에게 적용하는 데에는 누가복음이나 마가복음이 묘사하는 씨 뿌리는 자의 비유가 마태복음의 비유보다 더 적절하다.

씨 뿌리는 자의 비유는 하나님의 말씀의 씨를 받아들이는 사람의 "마음 밭"의 상태에 따라 달라지는 발아의 양상에 대해 설명한다. 먼저 "길가"와 같은, 밭이 아니라 포장도로와도 같은 단단한 마음을 가진 사람은 말씀을 받아도 "믿지도 구원받지도" 못한다. 그 말씀이 뿌리내릴 수 없기 때문이며, 그런 차에 마귀가 그 말씀을 빼앗아 가 버리기 때문이다.

둘째로 제시되는 것은 "바위 위"와 같은 마음을 가진, 전혀 갈리지 않은 척박한 밭과 같은 마음에 씨가 심겨진 사람들이다. 이들은 말씀을 기쁨으로 받아들이고 잠시 믿을 수는 있지만 "뿌리가 없다"는 문제 때문에 금세 실패해 버린다. 이들은 구원받지 못한 사람이다. "뿌리"란 주 예수 그리스도를 가리키기 때문이다(롬 15:12, 계 22:16). 이 배교의 시대의 교인들은 대개 바로 이 두 번째 부류에 속한다. 겉으로 무엇인가에 반응은 보이지만, 진지하게 주 예수님을 자신의 구주로 마음에 받아들인 적이 없기에 조금만 상황이 악화되어도 쉽게 태세를 전환해 버리는 것이다.

세 번째 부류는 "가시떨기 사이"와 같은 마음을 가진 사람들인데, 이들은 두 번째 부류의 사람들과는 분명한 차이가 있다. 두 번째 부류의 사람들은 뿌리가 없기에, 즉 그 안에 주님께서 계시지 않기에 열매를 맺을 가능성이 아예 없다. 그러나 세 번째 부류에 속한 사람들은 무엇인가에 억눌려 "열매를 맺지 못할" 뿐, 그 가능성 자체가 부재한 사람들은 아니다. 즉 세 번째 부류는 그 안에 성령님께서 계시기에 열매를 맺을 수 있는 충분한 생명력을 갖췄음에도 불구하고 그렇게 하지 못하고 있는 "구원받은 성도들"이다. 아닌 게 아니라 구원받은 성도들이라고 해도 "이생의 염려와 부와 쾌락"에 억눌리면, 즉 육신의 정욕(부)과 안목의 정욕(쾌락)과 생의 자랑(이생의 염려)의 통제를 받는다면 얼마든지 구원받지 못한 사람처럼 살 수 있다는 것이다.

마지막 네 번째 부류는 "좋은 땅"과 같은 마음을 가졌는데, 주님께서는 이들이 "정직하고 선한 마음으로 말씀을 듣고 지켜서 인내로 열매를 맺는" 사람들이라고 말씀하셨다. 수많은 사람들이 삼위일체 하나님의 한 위격이신 예수님의 말씀을 들었지만, 열매를 맺는 것은 극소수에 불과했다. 그 이유는 그들에게 "귀"는 있었을지언정 "들을 귀"는 없었기 때문이었다(8절). 주님께서는 그런 자들에게, 특히 무엇인가 꼬투리를 잡아보겠다는 비뚤어진 마음을 가지고 하나님이신 그분의 말씀을 듣고자 하는 사람들에게(11:54) 깨달음을 허락하지 않으셨던 것이다(10절). 올바른 마음을 가지고 하나님의 말씀을 대하지 않는다면 달콤한 과실은커녕 속임수와 저주를 돌려받게 될지도 모른다는 사실을 우리는 명심해야 한다(겔 14:1-11).

누가복음에서는 씨 뿌리는 자의 비유 뒤에 촛불의 비유가 이어진다. 여기에서 주님께서는 "어떻게 들을 것인가"(how ye hear)

의 문제를 강조하시는데, 이는 씨 뿌리는 자의 비유의 핵심과 잘 연결된다. 이어서 주님께서는 "누구든지 가진 사람은 받게 될 것이요, 누구든지 갖지 못한 사람은 가진 것처럼 보이는 것마저도 빼앗기게 되리라."(18절)라는, 빈익빈 부익부의 원리를 덧붙이신다. 이 또한 "농사"에 대한 말씀인 "씨 뿌리는 자"의 비유와 일맥상통한다.

훌륭한 밭은 씨앗을 뿌린 농부에게 "덧셈"이 아니라"곱셈"으로 수확을 되돌려 준다. 무수한 씨앗을 파종하면 "백 개"의 열매를 더해 주는 게 아니라, "백 배"의 열매로 갚아 주는 것이다(8절). 이처럼 열매를 내는 성도는 더더욱 많은 복을 받고 열매를 더더욱 풍성하게 내지만, 열매를 맺지 못하는 사람은 현상 유지조차 하지 못하고 퇴보하게끔 되어 있다. 따라서 하나님의 말씀을 듣는 우리 모두는 늘 "몇 배"로, 아니 "백 배"로 열매 맺기 위해 부지런히 우리네 마음 밭을 갈아야 한다. "이 정도면 되었지 뭐"라는 생각으로 안주하다가는, "이 정도"라고 말했던 그것조차도 잃어버리고 말 것이다.

사역 중에 찾아온 가족들

『누군가가 주께 말씀드리기를 "당신의 모친과 형제들이 당신을 만나려고 밖에 서 있나이다."라고 하니 주께서 대답하여 그들에게 말씀하시기를 "내 모친과 형제들은 하나님의 말씀을 듣고 그것을 행하는 사람들이라."고 하시더라』(20,21절).

주님께서 말씀을 전파하시면서 무리에 둘러싸여 계실 때, 주님의 육친들인 마리아와 형제들이 주님을 만나려고 찾아왔던 일이 있었다. 로마카톨릭은 마리아가 예수님을 낳은 후 "영원한 처녀성"을 유지했다고 거짓말하지만, 주님께는 분명 "형제들"이 있었던 것이다. 성경은 심지어 야고보, 요세, 유다, 시몬이라는 그 형제들의 이름까지도 제시한다(막 6:3).

주님께서는 로마카톨릭교도들이 마리아를 "하나님의 어머니"로서 높이는 것처럼 마리아의 위상을 높여 주신 적도 없고, 심지어는 그녀를 "어머니"라고 부르는 장면조차 성경에는 등장하지 않는다. 주님께서는 십계명의 제5계명에 위배될 정도로 그분을 낳은 여인인 마리아를 무시하시지는 않았지만, 그분께로 나아온 다른 여인들보다 더 존중해 주지도 않으셨다(눅 11:27,28).

주님께 "당신의 모친과 형제들이 당신을 만나려고 밖에 서 있나이다."라고 말씀드렸던 그 사람은 주님께서 이 소식을 들으시면 그분의 가족들을 특별히 대우하시며 그분 곁으로 데려가시리라고 지레짐작했을지 모른다. 그러나 주님께서는 오히려 하나님의 말씀을 듣고 그것을 행하는 사람들이 바로 그분의 가족이라고 말씀하셨다. 언제라도 그분 곁으로 다가설 수 있는 특권이라면, 육신의 혈통이 아니라 하나님의 말씀에 대한 순종을 기준으로 주어져야 마땅하다는 것이었다.

지금 이 시대에는 누구라도 주 예수님을 구주로 믿고 구원받으면 하나님의 가족이요(엡 2:19) 하나님의 아들들이(요 1:12) 될 수 있으며, 하나님의 아들이신 예수님을 "맏형"으로 두게 된다(고전 15:20-23). 그러므로 우리들은 주님께 나아가는 데에 거리낄 것도 없고, 다른 존재들의 도움을 받을 필요도 없다. 주 예수 그리스도의 피를 통해 아버지 하나님께 받아들여진 우리 모두는 하나님의 가족으로서 스스럼없이 그분께 다가설 수 있는 것이다.

폭풍을 잠잠케 하시다

『그러므로 그들이 주께 와서 깨우며 말씀드리기를 "선생님, 선생님, 우리가 죽게 되었나이다."라고 하니, 일어나셔서 그 바람과 거친 파도를 꾸짖으시니 그치고 잠잠해지니라. 주께서 그들에게 말씀하시기를 "너희의 믿음이 어디에 있느냐?"고 하시니, 그들은 무섭기도 하고 기이하기도 하여 서로 말하기를 "이분이 도대체 누구신가! 그가 명령하시니 바람과 파도까지도 그에게 복종하는도다."라고 하더라』(24,25절).

제자들과 함께 배에 오른 주님께서는 "호수 저편으로 건너가자."라고 말씀하시고는 이내 배에서 잠이 드셨다(22,23절). 그러나 폭풍이 일어 배에 물이 가득 차는 지경이 되자, 혼비백산한 제자들은 주님을 깨우며 우리가 죽게 되었다고 호들갑을 떨었다.

그들을 여태껏 인도하셨던, 그리고 수많은 표적들로 자신을 증명하신 메시아께서 "호수 저편으로 건너가자."라고 말씀하셨으므로 배가 반드시 호수 저편에 닿아야 한다는 믿음, 절대로 호수 한가운데서 배가 침몰할 수는 없다는 믿음은 어디론가 사라지고 없어졌던 것이다. 주님께서는 바람과 파도를 꾸짖어 잠잠케 하신 뒤, 제자들의 믿음 없음도 꾸짖으셨다. 이 일을 통해 제자들은 그분의 정체에 대해 새삼 깨닫게 되었다. 자연계의 통제권은 하나님께 있기 때문이다(마 14:32,33).

우리 또한 인생이라는 항해에 있어 이 배에 함께 타고 계신 분이 누구신지를 망각하는 바람에 호들갑을 떨게 될 때가 더러 있다. 그럴 때면 제자들보다도 못한 반응을 보이는 순간도 부지기수다. 적어도 제자들은 주님을 깨우러 올 줄은 알았건만, 그럴 생각조차 못하고 들이치는 물을 퍼내는 데에만 급급했던

적이 누구에게나 한두 번은 있을 것이다. 우리 안에 계신 분께서 한 말씀만 하셔도 그런 풍파쯤은 잠잠해질 텐데 우리의 생각이 거기까지 미치지를 못하는 것이다.

노를 젓는 것도 좋고, 물을 퍼내는 것도 좋고, 주님을 깨우는 것도 좋다. 그러나 그 전에 "주님께서 무엇이라고 말씀하셨는지"를 떠올려야 한다. 그것이 바로 들음에서, 또 하나님의 말씀에서 나오는 "믿음"이다(롬 10:17).

상황이 어떻게 돌아가든지 관계없이, 반드시 하나님께서는 그분의 입 밖으로 내신 약속을 지키셔야만 한다는 확신을 가지라. 그것이 없이는 호들갑을 떨면서 기도를 하든, 상황을 해결하려고 불철주야 사방으로 뛰어다니든, 상황을 무시하고 하던 일을 계속 하든 주님의 불호령을 들어야 하기로는 매한가지일 터다(히 11:6). 하나님께서 "믿음으로 아니하는 모든 것이 죄"(롬 14:23)라고까지 말씀하시지 않았는가?

위기를 맞은 제자들이 주님께 "일어나시라"고 말씀드리면서 그분을 "깨웠던" 것은, 전무후무한 위기 속에 부르짖는 대환란 때의 유대인들을 연상케 한다. 『**오 주 나의 하나님이여, 내가 주께 의지하오니 나를 박해하는 모든 사람들로부터 나를 구원하시고 나를 구해 주소서... 오 주여, 주의 노하심으로 일어나소서. 내 원수들의 격노로 인하여 일어나소서. 나를 위하여 깨시어 주께서 명하신 심판이 임하게 하소서**』(시 7:1,6). 주님께서는 그분을 부르는 그들의 다급한 목소리를 무시하지 않으시고, 반드시 대환란 끝에 "깨셔서" 자기 백성들을 적그리스도의 손에서 구해 내실 것이다. 『**그때에 주께서 잠에서 깬 자같이, 포도주로 인하여 외치는 용사같이 깨셨으니, 그가 그의 원수들을 뒤에서 치시고 영속하는 비방을 받게 하셨도다**』(시 78:65,66).

가다라의 마귀들에 사로잡힌 사람

『주께서 땅에 내리시자 그 성읍 밖에서 오랫동안 마귀들에 사로잡힌 어떤 사람이 주를 만나게 되었는데 옷도 입지 않고 집에서 살지도 않고 무덤에서 지내더라… 그 더러운 영이 자주 그를 사로잡았으며, 그가 쇠사슬과 족쇄로 묶였으나 그 묶은 것을 끊고 마귀에게 쫓겨 광야로 나가더라)』(27,29절).

럭크만 목사는 이 이야기를 두고 "이것은 마귀론에 관한 교본이다."라고 말했다. 실제로 우리는 여기에서 마귀들과 마귀들에게 사로잡힌 사람들의 특성을 여럿 엿볼 수 있다.

"마귀들"(devils)은 그 표현 자체에서 알 수 있듯이 복수의 존재들이다. 이들은 "마귀"(Devil), 즉 사탄(계 12:9)의 일부인데, 씨 뿌리는 자의 비유로 잠시 되돌아가서 복수의 존재들인 "공중의 새들"(5절)이 사탄을 가리키는 표현인 "마귀"(the devil)로 치환되어 표현되고 있다는 점(12절)을 보면 명확해진다.

마귀들은 때로는 단독으로 활동하기도 하지만, 지금처럼 무리를 지어 어떤 존재를 점유하기도 한다. 가다라에서 마귀들에게 고통 받던 사람들은 둘이었는데(마 8:28), 이들에게 있던 마귀들이 나가 약 이천 마리의 돼지들에게 들어갔다는(막 5:13) 사실로 미루어 볼 때, 한 사람 안에 들어 있는 마귀의 수가 일천 혹은 그 이상이 될 수도 있다는 것을 알 수 있다.

이러한 마귀들에게는 높은 수준의 영적 분별력이 있다(28절). 그래서 마귀들은 주님과 그분께 속한 사람들을 곧바로 알아챌 수 있으며(눅 4:34, 행 16:17; 19:15), 주님을 만나면 두려움에 사로잡혀 우왕좌왕하는 모습을 보인다. 성경은 마귀들이 한 분 하나님을 믿고 떨기까지 한다고 말씀하신다(약 2:19). 이는 하나님 앞에서도 당당하게 제 주장을 펼치는 모든 교만의 자식들을 다스리는 왕(욥 41:34)과는 사뭇 대조적인 모습이다(욥 1:9-11; 2:4,5).

마귀들은 따뜻하고 물이 있는 장소를 좋아하기에, 인간이나 동물들의 몸은 그들이 살기에 안성맞춤인 거처가 된다(눅 11:24). 그리고 마귀들이 돼지떼 안으로 들어갔을 때 돼지들이 호수로 돌진해서 죽었던 것처럼(33절), 마귀들은 숙주의 생명은 개의치 않은 채로 열과 물을 끊임없이 탐닉한다(마 17:15).

마귀들에게 사로잡힌 사람들은 본문에 있는 대로 벌거벗음, 무덤(시체)에 대한 집착, 초인적인 힘의 발휘 등의 증상을 보이며, 울부짖는 소리를 내거나 자해를 하는 성향도 나타낸다(막 5:5). 엘리야와 이스라엘의 주 하나님을 대적하여 바알의 이름을 부르던 자들이 크게 부르짖고 칼과 단창들로 피가 흐를 때까지 몸에 상처를 냈던 것도(왕상 18:28) 이와 무관하지 않다.

예수님께서는 이 마귀들에 사로잡힌 사람에게서 마귀들을 쫓아내셨는데, 이때 "가다라인들의 주변 지방의 온 무리"가 보였던 반응은 퍽 인상적이다. 그들은 정신이 온전해진 사람을 보면서 주님의 크신 능력에 감탄하면서 그분을 따르거나, 그들의 병자들을 치유해 달라고 간청하지 않았다. 돼지들이 죽음으로써 입게 된 금전적 손실을 보전해 달라고 요청하지도 않았다. 그들은 겁에 질려 주님께 떠나 달라고 간청했다(37절). 더 많은 것을 잃게 될까 하는 두려움에 사로잡혀서 주님을 쫓아내 버렸던 것이다.

이는 주님을 "복 주시는 분"이 아니라 "빼앗아 가시는 분"으로 인식하는 수많은 사람들이 저지르는 실수다. 주님께서는 인간에게 결코 빚지지 않으시는 분이기 때문에, 만일 우리에게서 무엇인가를 받아가셨다면 반드시 "이자"까지 쳐서 되돌려 주신다. 그러나 사람들은 주님으로 인해 무엇인가 손해를 입은 것 같으면 "주님께서 더 이상 내 인생에 개입하지 않아 주셨으면"하고 생각한다. 그렇게 그들은 자신들의 인생에서 주님을 몰아낸다. 그리고는 진로, 직장, 배우자, 거처, 자녀 계획, 노후 계획을 정하는 것이다. 그 결과 그들은 손해도 보고, 주님을 따를 기회도 잃고, 손실을 훨씬 상회하는 복을 받을 기회까지도 잃는다.

반대로 마귀들이 나간 그 사람은 주님과 함께 있게 해 달라고 주님께 간구했다. 그러나 주님께서는 그를 보내시면서 "네 집으로 돌아가서 하나님께서 너에게 얼마나 큰 일을 하셨는가를 말하라."라고 말씀하셨다. 그러나 이 사람은 "예수께서 얼마나 큰 일을 자기에게 하셨는가를 전파"했다. 그는 예수님께서 하나님이심을 깨달았던 것이다.

이처럼 예수님을 인격적으로 만나 구원받은 사람들은 그분께서 하나님 그분이시라는 사실을 정확히 알게끔 되어 있다. 우리는 그분을 여호와의 증인들처럼 "피조된 신"이라고 말하지 않는다. 자유주의자들처럼 "인류의 4대 성인"으로 모시지도 않는다. 모슬렘들처럼 "위대한 스승이요 선지자"로 취급하지도 않는다. 우리는 그분이 하나님이심을 증거한다. 마귀의 자식으로 죽어서 세상에서 하나님도, 소망도 없이 살던 우리를 구해 주신 참 하나님이시라고 사람들에게 전파하는 것이다.

■ 새롭게 깨달았거나 적용할 내용이 있다면 적어 보세요. ■

유출병을 앓던 여인의 치유와 야이로의 딸의 부활

『보라, 야이로라 이름하는 사람이 왔는데, 그는 회당장이더라. 그가 예수의 발 앞에 엎드리어 자기 집으로 오시기를 간청하더라. 그 사람에게는 열두 살쯤 된 외동딸이 있었는데 그 딸이 죽어 감이더라. 주께서 가실 때에 무리들이 에워싸더라. 한편 십이 년 동안 유출병을 앓고 있는 한 여인이 있었는데, 자기 생계비를 의사들에게 모두 썼으나 누구도 낫게 하지 못했더라. 그 여인이 주의 뒤로 와서 주의 옷단을 만지니 즉시 유출병이 멈추더라』(41-44절).

카퍼나움으로 오신 예수님께서는 무리들의 영접을 받으시는데(40절), 이 가운데는 열두 살쯤 된 외동딸을 둔 회당장 야이로와 십이 년 동안 유출병을 앓고 있는 여인이 있었다. "12"라는 숫자가 의미심장하게 반복되는 것으로 보아, 예수님께서 야이로의 딸을 살리시고 유출병을 앓던 여인을 고쳐 주신 일은 예언적으로 "이스라엘"에게 일어날 일을 예표해 주고 있는 게 분명하다.

야이로의 요청을 받고 길을 나서신 주님 곁에는 많은 무리가 있었다. 그들은 마치 길거리에 나타난 유명인사를 보려는 사람들이 그러하듯, 주님을 에워싼 채 밀치고 있었다. 그때 주님께서는 "나를 만진 사람이 누구냐?"라고 말씀하셨다. 다른 "터치"들과는 구분되는 독특한 손길이 있었던 것이다. 그 독특함은 "만일 내가 그분의 옷만 만져도 낫게 되리라."(막 5:28)라는 믿음으로부터 나왔다. 주님이 어떤 분이신지를 인지하고서 그분을 붙잡는 손길은 그분께 특별한 의미로 상달되며, 설령 주님이 가시는 방향의 반대편에서 뻗쳐진 것이라고 해도 그분의 능력이 나가게끔 하는 것이다(44,46절).

반면 이 손길과는 달리, 주님이 어떤 분이신지 알지도 못하며 따라서 그로부터 비롯된 믿음도 없고 그저 군중심리에 따라 몰려들었을 뿐인 수많은 무리들의 손길은, 그저 배경이 되어 흐려지고 말았다. 응답되는 기도에 비해 응답되지 않는 기도가 압도적으로 많은 까닭이 바로 여기에 있다. 수많은 사람들이 주님이 어떤 분이신지 모르면서도 손길만 뻗고 그분을 보려고 밀친다. 그러나 그들이 그리는 예수님의 이미지는 성경이 말씀하시는 그분과는 너무나도 달라서, 아마 실제로 예수님께서 그들의 코앞에서 지나가신다고 해도 그들은 그분을 알아보지 못할 것이다. 기도의 응답을 받고 싶거든 예수님이 어떤 분이신지부터 명확히 알아야 한다. 그분에 대해 말씀하시는 책인 성경을(요 5:39) 등한시한다면, 주님으로부터 능력을 받아보겠다고 법석을 떠는 일이란 무가치하다는 말이다.

사실 이 여인의 행동은 "결례"였다. 유출병이 있는 사람이 손을 씻지 않고 누구를 만지면 그 사람은 불결해지기 때문이었다(레 15:11). 그러나 주님께서는 이 여인을 꾸짖는 대신, 자기가 무슨 연고로 주를 만졌으며 또 어떻게 해서 즉시 치유되었는가를 모든 사람들 앞에서 밝힐 기회를 주셨다. 즉 간증의 자리를 마련해 주신 것이었다. 그리고 주님께서는 "딸아, 안심하라. 네 믿음이 너를 낫게 하였노라. 평안히 가라."라고 말씀하셨다.

이 대목에서 우리는 설령 자신에게 "불결함"이 있다손 치더라도, 주님께 다가서기를 주저할 필요가 없다는 진리를 배워 볼 수 있다. 혹 지금 갖고 있는 그 문제를 혼자서 어느 정도 해결해 놓은 뒤에 주님께 다가서겠다는 생각을 갖고 있는가? 이 여인이 십이 년 동안 병을 앓으면서 생계비를 전부 썼어도 병을 고칠 수 없었다는 사실을 잊지 말라. 우리가 해야 할 일은 이미 망쳐 버린 과거를 바로잡으려고 아등바등하는 게 아니라, 엉망진창인 모습일지라도 있는 그대로 주님께 다가서서 그분의 옷자락을 붙잡는 것이다. 주님께서는 그렇게 나아오는 사람을 결코 내치시지 않는다.

한편 주님께서 여인에게 아직 말씀하고 계실 때 어떤 사람이 와서 야이로의 딸이 죽었다는 비보를 전했다(49절). 그러나 주님께서는 "두려워 말고 믿기만 하라. 그러면 그 아이가 낫게 되리라."라고 말씀하시며 가던 길을 마저 가셨다. 야이로의 집에 도착했을 때는 이미 "악사들과 떠들썩한 무리"가 와 있는 상태였다(마 9:23).

이 사람들은 마치 옛적에 "곡비"들이 그러했던 것처럼, 직업적으로 울며 통곡하는 사람들이었다(52절). 이 "전문가"들은 누구보다도 소녀가 죽었다는 사실을 잘 알고 있었기에, 아이가 그저 자고 있을 뿐이라고 말씀하시는 주님을 비웃었다(53절).

사실 그들과 주님 중에는 틀린 사람이 없었다. 소녀는 죽은 것이 분명했다. 그러나 주님께서 보시기에 죽음이란 잠에 불과하다. 언젠가는 반드시 깨어날 것이기 때문이다. 이런 진리는 십자가 이전의 성도들도 익히 알고 있는 것이었다. 마르다는 주님께서 나사로를 살리시기 전에 "마지막 날에 부활로 그가 다시 살아날 줄을 내가 아나이다."라고 고백했다(요 11:24). 욥도 이렇게 말했다. **『내 피부의 벌레들이 이 몸을 멸한 뒤에라도 내가 내 몸을 입고 하나님을 보리라』**(욥 19:26).

십자가 이후를 사는 우리들은 부활의 소망을 더욱 또렷이 지니고 산다. 『보라, 내가 너희에게 한 가지 신비를 말하노니 우리가 다 잠잘 것이 아니요 오히려 우리가 모두 변화될 것이니 마지막 나팔 소리에 눈 깜짝하는 순간에 그러하리라. 나팔 소리가 나면 죽은 자들이 썩지 아니하는 몸으로 일으켜지며 우리도 변화되리라』(고전 15:51,52).

그러므로 혹 주 안에서 사별의 아픔을 겪게 되더라도, 그 사람은 잠시 자고 있는 것일 뿐이므로 전혀 슬퍼할 필요가 없다. 구원받은 성도들 은 "조만간"

반드시 다시 만나게 된다는 사실을 되뇌면서, 아픔일랑 털어 버리고 "뒤"가 아니라 "앞"을 바라보고 나아가면 된다.

주님께서는 그분을 믿지 않던 사람들을 내보내셨고, 오직 베드로, 야고보, 요한과 아이의 부모만 데리고 소녀가 누워 있는 곳으로 들어가셔서(막 5:40) 소녀의 손을 잡고 "소녀야, 일어나라."라고 말씀하셨다(54절). 그러자 소녀는 즉시 일어나서 걸었다(막 5:42). "생명의 통치자"(행 3:15)이신 주님 앞에서는 사람이 죽고 사는 것쯤이야 문제도 아니었던 것이다!

누가복음 8장에서 우리는 주 예수님과 그분의 말씀을 대하는 수많은 마음들을 만났다. 열매를 맺느냐 맺지 못하느냐, 더 받게 될 것이냐 가진 것마저도 빼앗길 것이냐, 주님 곁에 머물 것이냐 바깥에 서 있을 것이냐, 주님을 좇아 버릴 것이냐 말 것이냐, 병이 나을 것이냐 계속해서 앓을 것이냐, 딸을 살려 받을 것이냐 죽게 할 것이냐의 문제는 모두 "마음"에 달려 있었다. 이런 점을 묵상하노라면, 『**열심을 다하여 네 마음을 지키라. 이는 삶의 문제들이 거기서 나옴이라.**』(잠 4:23)라는 말씀을 절로 떠올리게 된다.

■ 새롭게 깨달았거나 적용할 내용이 있다면 적어 보세요. ■

제3과
복습문제

1. 씨 뿌리는 자의 비유에서 씨가 가시떨기 사이에 떨어져 열매를 맺지 못한다는 것은 구원받지 못한 사람이 하나님께 열매를 내지 못하는 것을 가리킨다. (O / X)

2. 성경은 마리아를 "하나님의 어머니"로 묘사한다. (O / X)

3. 『주께서 그들에게 말씀하시기를 "(　　　　　　　　　　)"고 하시니, 그들은 무섭기도 하고 기이하기도 하여 서로 말하기를 "이분이 도대체 누구신가! 그가 명령하시니 바람과 파도까지도 그에게 복종하는도다."라고 하더라』(25절).

4. 마귀들은 타락한 "천사"들로, 사탄의 하수인들일 뿐 그 기원이 사탄에게 있지는 않다. (O / X)

5. 예수님께서 회당장 야이로의 집에 방문하셨을 때, 사실 야이로의 딸은 아파서 잠들었을 뿐 여전히 살아 있었다. 주님께서는 죽은 소녀를 살리신 게 아니라 소녀의 병을 고쳐주셨을 뿐이었다. (O / X)

■ 새롭게 깨달았거나 적용할 내용이 있다면 적어 보세요. ■

NOTES

NOTES

제4과

손에 쟁기를 잡고 뒤를 돌아보지 말라(9장)

『예수께서 그에게 말씀하시기를 "손에 쟁기를 잡고 뒤를 돌아보는 자는 하나님의 나라에 적합하지 아니하노라."고 하시니라』(62절).

다양한 사건들 속에 제시되는 제자도

여러 가지 굵직한 사건들을 싣고 있는 누가복음 9장은 특별히 그 가운데 제자로서 주님을 따르려는 사람은 어떠해야 하는가를 부각시켜 보여 준다. 물론 초림 당시와 지금은 서로 다른 경륜적 상황이기에 여기에는 교리적으로 우리에게 적용할 수 없는 부분도 더러 있다. 그러나 주님을 따르고자 한다는 점만큼은 동일하기에 우리가 마음에 새길 만한 부분 또한 상당하다.

열두 사도를 보내시다

『그후에 주께서 열두 제자를 모두 불러서 모든 마귀들을 다스리며 병을 고치는 권세와 권위를 그들에게 주시고 그들을 보내시어 하나님의 나라를 전파하며 또 병든 자들을 치유케 하시니라』(1,2절).

주님께서 사도들을 파송하시는 장면은 마태복음에도 나오는데, 누가복음의 그것과는 차이가 있다. 마태복음에서는 이방인들과 사마리아인들에게는 가지 말고, 이스라엘 집의 잃어버린 양에게만 가라는 명령이(마 10:5,6) 주어지는 데 반해, 누가복음은 그러한 제약 조건을 말씀하시지 않는다. 마태복음에서는 "천국이 가까이 왔다."라고 말하라는 명령이 주어지지만(마 10:7), 누가복음은 주님께서 "하나님의 나라를 전파"하게 하셨다고 기록한다.

두 복음서는 서로 모순되는 게 아니다. 유대인의 왕으로서의 예수님을 조명하는 마태복음은 유대인에게 약속된 물리적 왕국인 천국에, 완벽한 인간으로서의 예수님을 조명하는 누가복음은 거듭난 모든 사람들이 들어갈 수 있는 왕국인 하나님의 나라에 초점을 맞추고 있을 뿐이다. 주님께서는 천국과 하나님의 나라 둘 다를 전파하셨고, 사도들에게도 동일한 일을 하도록 하셨던 것이다.

한편, 주님께서는 열두 제자에게 사역을 위임하시면서 권세(power)와 권위(authority)를 부여하셨다. 권위란 법률이나 규칙을 통해 확보된 원칙적인 위치요, 권리라고 할 수 있다. 반면 권세란 실제로 그 일을 수행할 수 있는 능력을 의미한다. 주님께서는 그들에게 "사도"로서의 권위를 부여하셨고 (사도에 해당하는 헬라어 "아포스톨로스"라는 단어 자체가 "명령을 받고 보내심을 받은 사람"이라는 뜻이다.) 거기에 더해 사도로서의 역할을 수행할 수 있도록 마귀들을 다스리며 병을 고치는 권세 또한 주셨던 것이다.

그들은 초림 당시의 주님께서 전파하셨던 것과 동일한 메시지를 전파해야 했고, 청중들로 하여금 그 메시지를 믿게끔 할 만한 표적 또한 동일하게 행해야 했다. 물리적으로 한 곳에 계실 수밖에 없는 주님께서 마치 여러 곳에서 동시에 사역을 펼치시는 것과 같은 효과를 내야 했던 것이다. 세상 사람들이 주님을 따르는 제자들을 통해 주님이 어떤 분이신지를 알게 된다는 점에 있어서는 지금도 이때와 다르지 않다. 따라서 우리는 말하려거든 하나님의 말씀처럼 말하고, 섬기려거든 하나님께서 공급하시는 능력으로 하는 것처럼 해서 모든 일에 주님께 영광이 돌아가도록 해야 한다(벧전 4:11).

사도들이 행했던 이와 같은 사역은 지나간 경륜에서나 유효한 것이지만, 로마 카톨릭 교도들과 은사주의자들은 자신들이 "사도의 직분을 계승"했다고 주장한다. 만일 그 말이 사실이라면 그들은 독을

마시고 뱀들을 집으며 안수하기만 해도 병자가 치유되는 등의 표적을 보일 수 있어야 한다(막 16:18). 어떤 사기꾼들은 타인의 믿음 없음을 탓하며 "당신들이 의심하니 기적이 일어나지 않는 것"이라고 둘러대지만, 사도 바울은 자신을 범죄자 취급하던 원주민들 앞에서도 그런 표적을 보인 바 있다(행 28:3-6). 그들이 "진짜"라면 언제 어디서든 증거를 댈 수 있을 테지만, 그들은 어째서인지 "역사 왜곡"이나 "잘 짜인 각본"을 통하지 않고서는 자신들의 사도직을 변호하지 못한다.

열두 사도의 사역을 통해 주님의 이름은 널리 알려졌고(막 6:14), 그분의 명성은 헤롯의 귀에까지 들어갔다(7절). 헤롯은 "요한을 내가 목베었거늘 이런 일이 내게 들리니, 이 사람은 누구인가?"라며 주님의 신원을 확인하려 했는데, 그는 실제적인 몸의 부활을 믿는 사람이었기 때문이다(마 14:2). 혹 "하나님의 능력을 두려워하면서도 그분의 사람을 배척하고 죽일 수 있는가?"라는 질문이 머리를 스치는가? 그렇다면 성경의 대답은 "그렇다."이다(막 6:20).

오천 명을 먹이시다

『그때 주께서 빵 다섯 덩어리와 물고기 두 마리를 가지고 하늘을 바라보고 축복하신 후 떼어 제자들에게 주시며 그 무리들 앞에 놓게 하시니라. 그들이 먹고 모두 다 배불렀으며 그들에게서 남은 조각들을 거두니 열두 광주리더라』(16,17절).

이 장면은 사복음서 모두에서 언급될 만큼 매우 중요한 사건인데, 보통 이 장면을 "주님께서 오천 명을 먹이신 사건"이라고들 설명한다. 그러나 사실 성경은 남자들만 오천 명이며(14절), 이는 여자들과 아이들은 제외한 숫자였다고 말씀하신다(마 14:21). 추측컨대 실제로는 만 명도 넘는 사람들이 음식을 먹었을 테고, 제자들은 각각 약 천 명 정도씩을 맡아 음식을 나눠줬을 것이다.

어떻게 모두가 배가 부르도록 먹고도 열두 광주리나 남을 만큼의 양식이 있게 되었는가?(17절) 물론 이는 주님께서 없는 것들을 있는 것처럼 부르시는 하나님이시기(롬 4:17) 때문이다. 그러나 주님께서는 홀로 기적을 행하지 않으셨다는 점을 알고 있는가? 정확히 말하자면, 기적은 제자들의 손을 통해 일어났다. 주님께서는 "빵 다섯 덩어리와 물고기 두 마리를" 제자들에게 떼어 주셨을 뿐이었다. 그 음식을 각각 약 천 명이나 되는 사람들 앞에 놓을 수 있는 양으로 "불어나게 했던" 것은 제자들이었다.

여기에서 얻을 수 있는 교훈은 분명하다. 하나님께서는 때로 위대한 일을 행하시되, 그분의 사람들의 손을 통해 하기를 원하신다는 것이다. 이는 우리로 하여금 하나님의 위대한 일의 "관중"이 아니라 "참여자"가 되게 하셔서, 궁극적으로는 영광과 보상을 누릴 수 있도록 해 주시려는 배려이다. 주님께서는 직접 하늘에서 빵이 내리도록 하여 무리를 먹이실 수 있는 하나님이시면서도, 자신의 "도시락"이었던 보리빵 다섯 덩어리와 작은 물고기 두 마리를 꺼내놓았던 한 소년과(요 6:9) 주님께서 떼어 나눠 주신 그 음식을 날랐던 제자들을 통해서 그분의 일을 수행하셨던 것이다.

■ 새롭게 깨달았거나 적용할 내용이 있다면 적어 보세요. ■

주님은 누구시며, 그분을 따르려면 어떠해야 하는가

『주께서 그들에게 말씀하시기를 "그러면 너희는 나를 누구라 말하느냐?"고 하시니, 베드로가 대답하여 말씀드리기를 "하나님의 그리스도시니이다."라고 하더라. 주께서 그들에게 엄히 당부하시기를 "이 일을 아무에게도 말하지 말라."고 명하시며 "인자가 많은 일로 고통을 받아야 하고, 장로들과 선임 제사장들과 서기관들에게 배척을 받아야만 하며 죽임을 당하여 셋째 날에 일으켜질 것이라."고 말씀하시니라. 또 그들 모두에게 말씀하시기를 "누구든지 나를 따라 오려거든 자기를 부인하고 날마다 자기 십자가를 지고 나를 따르라』(20-23절).

예수님께서는 무리들이 그분을 누구라고 하는지와(18절), 제자들이 그분을 누구라고 말하는지를 각각 물으셨다(20절). 주님께서 "사람들이 나를 누구라고 생각하는지"에 집착을 보이셨던 까닭은 이 질문에 대한 답이 장차 펼쳐질 그 사람의 영원한 삶을 결정하기 때문이었다. 베드로는 복된 영원을 누리게 될 정답을 이야기했다. "하나님의 그리스도시니이다." 이 고백은 예수님께서 구약에 예언된 그 메시아로서(단 9:25,26, 요 1:41; 4:25) 다윗의 보좌를 차지하고 이 땅을 통치하실 하나님 그분 자신이라는 뜻이다(사 9:6,7).

그런데 주님께서 그렇게 중요한 문제에 대해 "이 일을 아무에게도 말하지 말라."라고 말씀하신 것은 다소 의아하게 다가온다(21절). 이 부분은 후일 주님의 대적들이 그분을 고소하며 "이 자가 우리 민족을 현혹하고, 카이사에게 세금 바치는 것을 금하며, 자칭 그리스도 왕이라고 하더이다."(23:2)라고 했던 것을 떠올려 보면 명쾌해진다. 주님 곁에는 늘 무엇인가를 책잡아 고소하려는 자들이 있었고, 그들은 주님이 백성들을 선동하여 반란을 일으키려고 했다는 혐의를 씌우고자 했다. 물론 주님께서는 그러신 일이 없었고, 현재의 장면에서는 그런 오해를 일으킬 소지조차 불식하고 계신다. 그래서 빌라도는 선임 제사장들과 무리에게 "나는 이 사람에게서 아무 잘못도 찾지 못하였노라."(23:4)라고 답할 수밖에 없었던 것이다.

물론, 메시아이신 주님께서는 모든 왕국들을 쳐부수고 멸하실 분이시다(단 2:44). 그러나 이는 메시아 통치자가 끊어지기 전까지는, 즉 십자가 사건 이전에는 일어날 수 없는 일이었다(단 9:24-27). 자신이 하나님의 그리스도임을 아무에게도 말하지 말라는 주님의 명령 뒤에는, 이와 같은 성경을 흐트러짐 없이 이루시려는 목적이 깔려 있었던 것이다.

그래서 주님께서는 베드로의 명답 후에 자신의 통치가 아니라 죽음을 예언하셨다. 십자가를 통과하지 않으면 통치의 영광도 올 수 없었다. 이 원리는 주님께만 그런 것이 아니라 주님을 따르려는 모든 사람에게도 마찬가지다(딤후 2:12). 그래서 그분께서는 "누구든지 나를 따라 오려거든 자기를 부인하고 날마다 자기 십자가를 지고 나를 따르라."라고 말씀하셨다(23절). 십자가가 없으면 면류관도 없다. 자기 부인 없이 내키는 대로 산다고 해서 구원을 잃지는 않지만, 주님과 함께 통치할 영광은 잃는다.

변형산 사건

『이 말씀을 하신 후 약 팔일째 되는 날 주께서 베드로와 요한과 야고보를 데리고 기도하러 산으로 올라가시더라. 주께서 기도하실 때에, 그의 용모가 변하며 그의 옷은 희고 빛이 나더라.

그런데, 보라, 두 사람이 주와 대화하는데 그들은 모세와 엘리야라. 영광 중에 나타난 그들은 이제 예루살렘에서 이루시려고 하는 주의 죽음에 관하여 이야기하고 있더라』(28-31절).

주님께서는 십자가를 지는 제자도에 대한 말씀을 마치신 후, "그러나 내가 너희에게 한 진실을 말하노니, 여기에 서 있는 자들 몇 사람은 하나님의 나라를 볼 때까지 죽음을 맛보지 아니하리라."(27절)라고 덧붙이셨다. 이 말씀은 무심코 보면 "하나님의 나라는 볼 수 있게 오는 것이 아니니라."(17:20)라는 진술과 배치되는 것 같다. 그러나 이는 두 말씀이 서로 다른 시점을 배경으로 하고 있음을 생각지 못하기 때문이다.

하나님의 나라

이미 약 2,000년전에 "하나님의 나라가 가까이 왔도다."(막 1:15)라고 주님께서 말씀하셨거니와 이 왕국은 이미 와서 수많은 백성들을 받아들였다(16:16). 이 왕국에는 주 예수 그리스도를 구주로 믿고 거듭남으로써 들어갈 수 있는데(요 3:5), 우리가 거듭났을 때 어떤 왕국도 새롭게 나타나지 않았다는 것은 자명하므로 이 왕국은 기본적으로 "볼 수 있는" 형태로 존재하지 않는 영적인 왕국임을 알 수 있다(롬 14:17).

그러나 이 영적 왕국이 "볼 수 있도록" 나타나는 때가 있으니, 바로 주님께서 지상에 재림하신 후에 수립하실 천년왕국 때다. 이때에는 하나님의 나라의 왕관을 갖고 계신 분이 이 땅에서 가시적인 통치권을 행사하신다. 이미 잠들어 버린 사람들로부터 현재 살아 있는 사람들에 이르기까지 모든 하나님의 나라의 모든 백성들이 이 땅에 자기 몸을 입고 설 것이다. 영적인 왕국인 하나님의 나라가 물리적인 왕국인 천국과 결합되어 "볼 수 있도록" 나타나는 것이다.

주님께서는 하나님의 나라를 볼 때까지, 즉 주님께서 지상에 왕국을 수립하시기 위해 권능으로 오시는 것을 보기 전까지 죽지 않을 사람이 있다고 하신 말씀은 얼마 지나지 않아 성취되었다. 실제 지상 재림이 일어난 것은 아니었지만, 예표적으로 재림을 경험할 수 있는 사건이 일어났기 때문이다. 그 일은 주님께서 엿새 후(마 17:1), 즉 칠일 째에 베드로와 요한과 야고보를 데리고 산으로 올라가셨을 때에 있었다. (우리는 이 대목에서 지상 재림이 아담의 범죄로부터 약 6,000년 후, 즉 인류 역사의 일곱 번째 "천 년"에 있을 것이라는 사실을 상기해봄직하다.)

그곳에서 주님께서는 마치 천상에 계실 때처럼 얼굴이 해처럼 빛나는(마 17:2) 용모로 변화되셨으며, 희고 빛나는 옷을 입은 모습을 제자들에게 보여 주셨다(29절). 이때 모세와 엘리야가 나타나 주님과 함께 대화했는데, 그 내용은 이제 예루살렘에서 이루시려고 하는 주의 죽음에 관한 것이었다(31절). 부활하신 후 엠마오로 가던 제자들에게 나타나신 주님께서는 "그리스도가 이러한 고난을 당하고서 그의 영광에 들어가는 것이 당연하지 않느냐?"라고 하시면서 모세와 모든 선지자들로부터 시작하여 자신에 관하여 모든 성경에 있는 것들을 그들에게 설명하셨던 일을 기억하는가? 그렇다면 왜 변형산 사건에서 하고 많은 인물들 가운데 왜 하필이면 모세와 엘리야가 등장했는지를 쉽게 간파할 수 있을 것이다.

모세와 엘리야는 각각 율법과 선지서를 대표하는 인물들로서, 십자가의 죽음이 성경을 이루는 일이었음을 보여 주기에 제격이었던 것이다. 『**그러므로 그가 세상에 오실 때에 말씀하시기를 "주께서는 희생제물과 예물을 바라지 아니하시고 나를 위하여 한 몸을 예비하셨도다. 주께서 번제들과 속죄제들은 기뻐하지 아니하셨으니 그때 내가 말씀드리기를 '오 하나님이여, 보소서, (두루마리 책에 나에 관하여 기록한 것과 같이) 주의 뜻을 행하려고 내가 왔나이다.' 하였노라." 하셨도다**』(히 10:5-7).

베드로와 그와 함께 있던 동료들은 잠에 빠졌다가 깨어나서 주의 영광과 주와 함께 서 있는 모세와 엘리야를 봤다(32절). 모세와 엘리야가 떠나려고 하자, 베드로는 "선생님, 우리가 여기에 있는 것이 좋사오니, 장막 셋을 짓되 하나는 주님을 위하여, 하나는 모세를 위하여, 또 하나는 엘리야를 위하여 지었으면 하나이다."라고 했다. 실언이었다. 하나님이신 예수님을 인간에 불과한 모세와 엘리야와 동일선상에 놓았기 때문이다. **『너는 함부로 입을 열지 말며 하나님 앞에서 마음이 조급하게 되어 말을 내지 말라』**(전 5:2). 그러나 베드로가 "장막"을 언급했던 것은 주목해볼만하다. 초림이든 재림이든 주님의 오심은 장막절과 연관이 있기 때문이다.

예수님께서 마리아의 태에서 나오신 시점이 장막절 기간이었음은 분명하다. 천사 가브리엘을 만났던 침례인 요한의 아버지인 사카랴는 성전에서 섬기는 스물네 개의 서열 중 여덟 번째인 아비야의 계열에 속한 제사장이었는데(1:5, 대상 24:7-19), 당해의 연도와 그의 순번을 단서로 하여 계산해 보면 침례인 요한이 잉태되었던 시기를 알 수 있다. 그리고 그로부터 6개월 뒤에 가브리엘이 마리아에게 나타나 예수님을 잉태할 것을 고지하므로(1:26-38) 예수님의 탄생 시점도 충분히 계산해 낼 수 있다. 복잡한 계산은 생략하고 결과만 이야기하자면 예수님께서는 장막절 또는 유월절에 탄생하셨다는 결론이 나온다.

둘 중 장막절이 예수님의 탄생 시점으로 선택되어야 하는 까닭은 예표적으로 유월절은 주님의 죽음에, 장막절은 주님의 오심에 대응되기 때문이다. 주님께서 육신의 몸, 즉 "장막 집"(고후 5:1)을 입고 이 땅에 오신 일에 대해 요 1:14는 **『그 말씀이 육신이 되어 우리 가운데 거하시므로』**라고 설명하는데, 공교롭게도 여기에서 "거하셨다"라는 표현에 해당하는 헬라어 "에스케노센"은

본래 "장막을 치고 거하다"라는 뜻이다. 흔히들 예수님께서 12월 25일에 태어나신 것으로 알고 있지만, 이는 로마 카톨릭의 신화에 불과하다. 그런 겨울에는 유대 땅의 목자들이 밤에 들에서 묵으면서 양을 칠 수가 없지만, 예수님께서 태어나시던 날에는 목자들이 그렇게 하던 중에 주의 천사로부터 구주가 탄생하셨다는 소식을 들었다(2:8-12).

주님의 지상 재림도 장막절에 일어날 것이 분명하다. 성경에서 의의 태양으로서(말 4:2) 다시 떠오르실 주님과 "장막"은 불가분의 관계다(시 19:5, 슥 14:7-19). 의심이 거둬지지 않는다면 이스라엘의 모든 남자들은 주 그들의 하나님 앞에 일 년에 세 번씩, 즉 무교절과 칠칠절과 장막절에 예루살렘으로 모여야 했던 일을 떠올려 보라(신 16:16). 이 명절들은 모두 "추수", 즉 성도들이 "하늘의 곳간으로 들어가는 일"과 연관이 있고, 순서대로 주님과 함께 부활한 구약 성도들, 주님께서 공중에 오셨을 때 휴거될 교회 시대의 성도들, 주님께서 재림하시기 직전에 휴거될 환란 성도들에 대응된다(고전 15:23,24). 이쯤 보았으면 재림과 장막절의 연관성을 부인할 수가 없을 터다.

제자들을 애먹이던 마귀들린 소년을 치유하시다

『그런데, 보소서, 한 영이 이 아이를 붙들기만 하면 갑자기 소리를 지르고 거품을 내며 발작을 일으키고 상처를 입히면서도 좀처럼 아이를 떠나지 아니하나이다. 내가 선생님의 제자들에게 그 영을 쫓아내어 달라고 간청하였으나 그들은 쫓아내지 못하였나이다."라고 하니』(39,40절)

이미 우리는 8장에서 가다라의 마귀들에 사로잡힌 사람이 치유받는 장면을 공부하면서 마귀론에 대해 다룬 바가 있다. 따라서 중복되는 설명을 늘어놓기보다는 특징적인 부분만을 다루는 게 타당할 것인데, 제자들이 마귀 하나를 (사탄이 아니라 그의 수하 가운데 하나를) 쫓아내지 못하고 있었다는 게 바로 그런 부분이다.

주님께서는 "오 믿음이 없고 비뚤어진 세대여, 언제까지 내가 너희와 함께 있어야 하며 또 참아야 하겠느냐?"라면서 제자들을 나무라셨다(41절). 문제의 원인이 믿음에 있다는 것이었다. 제자들이 주님께 따로 나아와서 "어찌하여 우리는 그를 쫓아내지 못하였나이까?"라고 물었을 때도 주님께서는 "너희가 믿지 않기 때문이라."라면서 동일한 진단을 내리셨다(마 17:19,20).

그런데, 제자들은 마귀들을 다스리는 권세와 권위를 받고 또 이미 그런 사역을 수행했던 사람들 아니었는가?(1,2절) 그들이 그때는 있던 믿음을 갑자기 잃어버리기라도 했던 것일까? 아니면 주님께서 생사람을 잡기라도 하신 것일까? 이러한 질문에 대한 답은 마태복음과 마가복음에서 찾아볼 수 있다. 주님께서는 이런 종류는 기도와 금식에 의하지 않고는 나가지 않는다면서(마 17:21, 막 9:29) 그들의 문제를 구체적으로 지적해 주셨다.

이처럼 우리들이 겪는 문제 중 어떤 것들은 손쉽게 해결되기도 하지만, 어떤 것들은 오랜 기도와 인내, 심지어는 금식을 필요로 하기도 한다. 그러나 사람들에게는 하나님의 능력이 늘 "마법처럼" 문제를 해결해 주리라고 기대하는 습성이 있다. 그래서 사람들은 처음에는 대개 나름대로 문제에 부딪혀 보긴 하지만, 버티질 못하고 나가떨어진다. 그러고는 "주님, 제가 믿음이 없었던 게 아니라니까요? 저도 주님을 믿고 뭔가를 시도해 봤지만, 안 됐다고요."라고 변명하는 것이다. 그러나 주님께서는 그들의 항변에 아랑곳하지 않으시고 "그게 바로 믿음이 없는 것이다. 너에게는 겨자씨 한 알만한 믿음도 없구나."(마 17:20)라고 답하신다.

사역에 합당한 자세를 갖추라

『그때 그들 사이에 한 논쟁이 일어났으니 그것은 자기들 중에서 누가 가장 큰 자인가 함이라. 그러자 예수께서 그들 마음의 생각을 아시고 어린아이 하나를 데려다가 자기 곁에 세우시고 그들에게 말씀하시기를 "누구든지 내 이름으로 이 어린아이를 영접하면 나를 영접하는 것이요, 또 누구든지 나를 영접하면 나를 보내신 그분을 영접하는 것이니라. 이는 너희 모든 사람 가운데서 가장 작은 자가 위대하게 될 것임이라."고 하시니라』(46-48절).

제자들은 누가 가장 큰 자가 될 것인가를 두고 본문에서뿐 아니라 여러 차례 갈등을 빚었다(22:24-30, 마 20:20-28). 그러나 자신을 높이는 자는 낮아지고, 자신을 낮추는 자는 높아진다는 게 하나님께서 정하신 원칙이다(14:11). 따라서 주님께서는 큰 자가 되려거든 다투어 이김으로써 남들 위에 군림할 것이 아니라, 오히려 다른 이들을 섬기는 "가장 작은 자"가 되라고 제자들을 바로잡아 주셨다.

본문의 말씀을 교리적으로 본다면 현 교회 시대에는 적용될 수 없다. 교회 시대에 어린아이를 영접하는 것으로 주님을 영접하는 것을 대체하여 구원받을 수 있는 사람은 아무도 없기 때문이다.

어린아이를 영접한 것이 곧 나를 영접한 것이 된다는 주님의 말씀은, 장차 천년왕국의 왕으로서 민족들을 심판하시면서 "진실로 내가 너희에게 말하노니, 여기 내 형제들 가운데 가장 작은 자 하나에게 한 것이 곧 나에게 한 것이니라."라고 하실 주님의 모습을(마 25:40) 투영했을 때에야 비로소 교리적

해석이 가능해진다. 대환란 때에는 주님의 형제들인 유대인들을 선대했느냐의 여부가 구원을 판가름하는 요소가 될 것이다.

누가 큰 자인지 다툰 이야기 뒤에는 좀처럼 실수하는 법이 없는 요한이 "나무에서 떨어진" 내용이 두 번 연달아 나온다. 첫 번째 실수는 그들과 함께하지 않는 어떤 사람이 주님의 이름으로 마귀들을 쫓아내는 것을 보고 못하게 한 일이었다(49절). 이는 신실한 성도들이 종종 "과잉충성"으로 범하게 되는 실수로, 주님께서는 그러지 말라고 타이르셨다.

칠십 명의 장로들 위에 하나님의 영이 임하여 그들이 예언하게 되었던 때에도 비슷한 일이 있었다. 그때에 대부분의 장로들은 모세의 부름에 답하여 성막에 둘러서 있었는데, 엘닷과 메닷 두 사람은 진영에 남아 있었다. 그럼에도 두 사람에게 다른 장로들과 같은 일이 일어나자, 한 청년이 달려와서 모세에게 이 일을 보고했고, 이 말을 곁에서 들은 여호수아는 "나의 주 모세여, 그들을 금하소서."라면서 "이단아"들에게 제제를 가할 것을 요청했다. 그러나 모세는 "네가 나를 위하여 시기하느냐? 모든 주의 백성이 선지자들이기를 바라며, 주께서 자기의 영을 그들 위에 주시기를 원하노라!"라고 답했다(민 11:24-29). 이것이 사역자가 가져야 할 올바른 사고방식이다. 주님의 일이 진척될 수만 있다면 아무래도 좋다는 것이다(빌 1:18).

바르게 보존된 말씀을 믿음과 실행의 최종권위로 삼고, 복음과 진리를 전파하는 사람들이 있다면 혹자가 성경대로 믿는 "침례교도"가 아니라고 해도, 그러니까 그가 성공회 신자든, 회중교회 회원이든, 장로교도든, 루터교도든, 감리교도든 그 사역에 반대할 이유가 전혀 없다. 존 뉴턴,

F.R. 하버갈, J.C. 라일, 아이작 와츠, 조나단 에드워즈, 데이비드 리빙스턴, 존 녹스, 로버트 머레이 맥체인, 찰스 피니, 데이비드 브레이너드, 마틴 루터, G.F. 헨델, J.S. 바흐, 요한 웨슬리, 조지 휫필드, 프란시스 애즈버리, 피터 카트라이트 등은 모두 "침례교도"가 아니었지만 "성경대로 믿는 사람들"이었으며, 그들의 사역은 훌륭했다. 문제는 이들이 걸었던 "옛 길"(렘 6:16)을, 그들의 뒤를 이은 사람들이 저버렸다는 데 있다.

요한은 이번에는 야고보와 함께 두 번째 실수를 저지르는데, 주님을 영접하지 않은 사마리아인들을 불살라 버리실 의향이 있으시냐고 여쭌 것이었다(54절). 이에 대해 주님께서는 "너희는 너희가 어떤 영을 지녔는지 알지 못하고 있도다."라는 다소 거친 어조로 꾸짖으셨다.

요한과 야고보에게는 하늘에서 불이 내리는 일이 가능하다고 믿는 믿음이 있었다. 실제로 언젠가 하늘로부터 나타나신 주님께서 그분께 순종치 않는 자들을 불길 가운데서 벌하시는 일이 일어날 것이다(살후 1:7,8). 그러나 그 일은 초림 때가 아니라 재림 때 일어날 일이다. 초림하신 주님의 목적은 사람들의 생명을 멸하는 게 아니라 구원하는 것이었다(56절). 그러나 요한과 야고보는 이를 망각했다. 하나님의 목적을 배제한 채 "믿음"만을 앞세운 결과, 그들은 주님을 대적하는 길에 서고 말았다.

"산을 옮길 만한 모든 믿음이 있다 해도 사랑이 없으면 나는 아무것도 아니라"고 바울도 말하지 않던가?(고전 13:2) 믿음으로 어떤 일을 하려거든 그 동기와 목적을 반드시 점검해야 한다. 어쩌면 우리 가운데는 그리스도의 심판석에 가서 스스로의 "믿음"으로 얼마나 많은 사람들을 지옥으로 보냈으며 얼마나 많은 성도들을 실족시켰는지를 깨닫고는(롬 14:22) 정신을 잃고 기절해 버릴 사람이 있을지도 모르는 것이다.

주님을 따라왔던 세 사람

『그들이 길을 가고 있을 때, 어떤 사람이 주께 말씀드리기를 "주여, 주께서 어디로 가시든지 내가 따르겠나이다."라고 하니 예수께서 그에게 말씀하시기를 "여우들도 굴이 있고 공중의 새들도 보금자리가 있지만 인자는 자기 머리 둘 곳조차 없노라."고 하시며 다른 사람에게 말씀하시기를 "나를 따르라."고 하시더라. 그러나 그가 말씀드리기를 "주여, 나로 먼저 가서 내 아버지를 장사지내게 하옵소서."라고 하니 예수께서 그에게 말씀하시기를 "죽은 자들로 그들의 죽은 자를 장사지내게 하고, 너는 가서 하나님의 나라를 전파하라."고 하시니라. 또 다른 사람도 말씀드리기를 "주여, 내가 주를 따르겠나이다. 그러나 먼저 내 집에 있는 가족에게 작별을 고하게 하여 주소서."라고 하니 예수께서 그에게 말씀하시기를 "손에 쟁기를 잡고 뒤를 돌아보는 자는 하나님의 나라에 적합하지 아니하노라."고 하시니라』(57-62절).

이 장면은 예수 그리스도께서 길을 가고 계실 때 곁에 있던 사람들 중 한 사람이 주님을 따르겠다고 말씀드리면서 시작되는데, 예수님을 제외하고 세 명의 등장인물이 나온다. 첫 번째 사람과 세 번째 사람은 자신들이 먼저 주님을 따르겠다고 이야기하고, 두 번째 사람은 주님으로부터 나를 따르라는 말씀을 듣고 나서 자기 이야기를 꺼낸다. 마태복음에서는 이 사람이 주님의 제자였다고 전한다(마 8:21).

첫 번째 사람은 호기롭게 주님을 따르겠다고 내뱉었지만, "사역자에 대한 복지 정책"에 대해 듣더니만 더 이상 말이 없었다. 구원은 아무나 받을 수 있지만 주님을 따라 나서는 것은 아무나 할 수 없다. 그 일은 먹을 것과 입을 것 외에는 아무것도 보장되지 않는다고 해도(딤전 6:8) 주님을 따르겠다는 다짐이 확고해야만 할 수 있는 일이다. 주님을 따르려거든 이 부분을 반드시 먼저 "계산" 하라. 그렇지 못하고 중도 하차하면 비웃음만 살 뿐이다(14:28-30).

두 번째 사람은 주님의 제안에 아버지의 장례를 치른 뒤에 응하겠다고 답한다. 그러나 주님께서는 그런 일은 죽은 자들에게 맡겨 놓고 너는 하나님의 나라를 전파하라고 되받으셨다. 교회 시대에 사는 우리들에게 맞게 바꿔 보자면 이렇게 될 것이다. "네 부모에 대한 의무는 거듭나지 않은 죽은 사람들에게(엡 2:1) 맡겨 두어도 충분하지 않느냐? 너에게는 내가 맡길 더 중요한 일이 있다. 바로 하나님의 은혜의 복음을 전해서 사람들을 지옥으로부터 건져 내는 일이다." 무턱대고 가족을 저버리라는 말이 아니다. 성경은 자기 가족을 돌보지 않는 사람을 불신자보다도 더 나쁘다고 비난하신다(딤전 5:8). 그러나 문제는 우리가 가려는 길에 가족들이 함께 오지 않는 경우다(암 3:3). 그런 경우 가족들을 "미워한 채로" 주님께로 가야 한다(14:26). 그런 결심을 할 수 없다면 주님의 제자가 될 수 없다.

세 번째 사람은 가족들에게 인사만 하고 오겠다고 말한다. 사실 엘리사도 엘리야의 부름을 받았을 때 비슷한 말을 했다. "나로 내 아버지와 내 어머니에게 입맞추게 하소서. 그런 후에 내가 당신을 따르리이다."라는 것이었다(왕상 19:20). 그러나 이 세 번째 사람과 엘리사 사이에는 큰 차이가 있었다. 세 번째 사람에게는 "보험"을 들려고 가족들을 보고 오겠다고 한 반면, 엘리사는 그 보험을 "해지"하려는 목적으로 돌아가겠다고 했다는 것이다. 엘리사는 돌아가서 밭을 가는 수소들을 잡아 사람들에게 나눠 주고 엘리야를 따라갔다. 그러나 이 세 번째 사람에게는 그렇게 할 배짱이 없었다. 그래서 사람 속에 무엇이 들어 있는지를 아시는 예수 그리스도께서는(요 2:25) "손에 쟁기를 잡고 뒤를 돌아본다"며 그 마음을 들춰내셨고, 그런 자세로는 사역에 들어올 수 없다고 못 박으신 것이다.

어떤 분야든 "거장"들은 대개 이미 실력과 재능이 출중한 사람을 제자로 삼는다. 제자들은 사사한 스승의 이름을 자기 명함처럼 삼기 마련이기에, 시간이 지나도 제자가 성장하지 못하는 경우 스승인 자신의 명성에도 흠이 갈 수 있기 때문이다.

그러나 주님께서는 실력과 재능을 제자 선정 기준으로 삼지 않으신다. 세상의 그 어떤 스승들보다도 뛰어나신 우리 선생께서는(마 23:8) 제아무리 둔재인 제자라도 쉽게 키워낼 수 있다는 자신감을 갖고 계시기 때문이다(마 11:28-30).

그래서 주님께서는 제자를 뽑으실 때 오직 "자세"만을 보신다. "십자가"만을 기준으로 내거시는 것이다. 따라서 정말로 주님의 제자가 되고 싶다면 대단한 성취를 이루지 못했다는 것은 전혀 문제가 되지 않는다. 어차피 육체는 그분의 면전에서 자랑할 게 아무것도 없다(고전 1:26-29). 문제는 그게 아니다. 문제는 "나"다.

우리는 나는 이렇게 살아 있다고, 내가 원하는 것은 이러저러한 것이며, 나는 이만저만한 수준은 되어야 살 수 있다고 소리 지르는 그 "나"를 십자가에 못 박아 그 입을 닥치게 해야 한다(갈 5:24). 어쩌면 "나"에게 그토록 잔인해지는 일이란 말처럼 쉽지 않을지 모른다. 그러나 이름 지어진 모든 이름 위에 뛰어난 주님의 이름, 그 이름을 받아 "주 예수 그리스도의 제자"라는 타이틀을 내거는 영예를 누리고 싶다면, 다른 길은 없다.

■ 새롭게 깨달았거나 적용할 내용이 있다면 적어 보세요. ■

제4과
복습문제

1. 예수 그리스도께서 사도들을 파송하셨을 때의 일에 대해, 마태복음의 파송에서는 "천국이 가까이 왔다."라고 말하라는 명령을 주셨던 것으로 기록하는 데 반해, 누가복음의 파송에서는 (　　　　　　　　　　　　)를 전파케 하셨다고 기록하고 있다.

2. 주님께서 빵 다섯 덩어리와 물고기 두 마리로 성인 남자만 오천 명에 달했던 무리를 먹이셨던 사건은, 사실 기적적인 일이었던 게 아니라 각자가 자신의 음식을 십시일반 하여 나눠 먹은 것에 불과했다. (O / X)

3. 변형산 사건은 주님께서 베드로와 요한과 야고보에게 지상 재림을 예표적으로 보여 주신 사건이었다. (O / X)

4. 주님께로부터 마귀들을 다스릴 권위와 권세를 받은 제자들은 언제나 마귀를 쫓아내는 일에 성공했다. (O / X)

5. "누구든지 내 이름으로 이 어린아이를 영접하면 나를 영접하는 것"이라는 말씀은 현 시대의 구원 방법과 교리적으로 일치한다. (O / X)

6. 『예수께서 그에게 말씀하시기를 "손에 쟁기를 잡고 (　　　　　　　　　　) 자는 하나님의 나라에 적합하지 아니하노라."고 하시니라』(눅 9:62).

NOTES

제5과
영생을 상속받으려면 율법을 지키라(10장)

『주께서는 어떻게 경건한 자들을 시험에서 구해 내시고 불의한 자들을 형벌에 처할 심판의 날까지 가두실 것을 아시느니라』(벧후 2:9).

영생을 상속받으려면

교회 시대에 구원받은 그리스도인들은 하나님의 아들로 입양된 사람들이기 때문에 장차 "유업들"을 "상속"받게 된다. 유업들은 크게 두 종류로 나누어지는데, "하나님의 상속자들"로서 받게 되는 유업들과, "그리스도와 함께한 공동 상속자들"로서 받게 되는 유업들이다.

"하나님의 상속자들"로서 받게 되는 유업들은 행위와 무관하게 오직 구원받아 하나님의 아들들이 되었다는 이유만으로 상속받게 되는 유업으로서 휴거 때 입게 될 "구속받은 몸"과 영원 시대에 거주하게 될 "새 예루살렘"이다.

"그리스도와 함께한 공동 상속자들"로서 받게 될 유업은 자신이 행한 행위에 따라 그리스도의 심판석에서 상급으로 받게 될 "면류관들"과 천년왕국에서 받게 될 "통치할 땅"이다.

교회 시대가 아닌 율법 시대의 유대인들은 영생을 유업으로 상속받기 위해 율법을 준수해야 했다. 하나님께서 그 시대의 그 사람들에게 그 방식을 정해 주신 것이다. 우리가 분명히 알아야 할 것은 시대마다 인류에 대한 하나님의 경영 방침(경륜)이 다르다는 것이다.

■ 새롭게 깨달았거나 적용할 내용이 있다면 적어 보세요. ■

칠십 명을 보내심

『이 일들 후에 주께서 다른 칠십 명도 임명하시고 주께서 몸소 가시려고 했던 모든 성읍과 장소로 앞서 둘씩 보내시니라. 그러므로 주께서 그들에게 말씀하시기를 "참으로 추수할 것은 많으나 일꾼들이 적도다. 그러므로 너희는 추수의 주께 기도하여 추수할 일꾼들을 보내 주시라고 하라』(1,2절).

칠십 명을 보내시면서 명령하신 내용들이 마태복음 10:1-16에서 열두 사도에게 주어진 최초의 위임 사항과 매우 유사하지만, 둘 사이에는 몇 가지 차이점이 있다. 칠십 명은 "천국"(마 10:7)이 아니라 "하나님의 나라"(9,11절)를 전파하라고 보내심을 받는다. 칠십 명은 다윗의 아들이 예루살렘 보좌 위에 앉아 있는 가시적이고 문자적이며 물리적인 유대인의 왕국인 "천국"이 아닌, 내적이고 영적인 "의"의 왕국인 "하나님의 나라"를 전파해야 한다. 그래서 마태복음 10:5,6에서 열두 사도들에게는 주어졌던 명령들 중 하나인 "유대인"의 성읍들에서만 전파하라는 명령이 칠십 명에게는 주어지지 않는다.

『**참으로 추수할 것은 많으나**』(2절). 추수는 복음서들에서 첫열매들과 더불어 시작되고 사도행전에서 본격화된다. 그리고 19세기에 필라델피아 교회 시대와 더불어 정점에 달하는데, 지금 우리는 라오디케아인들의 교회 시대에 살고 있으며 추수 이후의 이삭들을 줍고 있을 뿐이다.

『**일꾼들이 적도다**』(2절). 일꾼들의 수가 적다는 사실은 우리 모두가 아는 사실이다. 『**그러므로 너희는 추수의 주께 기도하여 추수할 일꾼들을 보내 주시라고 하라**』(2절). 『**기도**』하라는 명령 뒤에 『**길을 떠나라.**』(Go your ways.)(3절)라는 명령이 따라 나오는 것에 유의하라. 추수할 일꾼들을 보내 달라고 기도하지 않는 그리스도인들이 많은 이유는 주님께서 그들에게 "그러면 네가 추수하러 가라."라고 명령하실까 두려워서이다.

『**길을 떠나라. 보라, 내가 너희를 보냄이 마치 어린양들을 이리들 가운데로 보냄과 같도다**』(3절). 복음을 전하러 가는 길은 『**어린양들을 이리들 가운데로 보냄**』과 같은 상황이다. 얼핏 생각하면 위험한 상황이다. 그래서 많은 그리스도인들이 『**길을 떠나라.**』라는 명령을 듣지 않으려 하고, 들어도 못 들은 척한다. 그러나 이리들이 공격할 때 우리를 안전하게 지켜 주실 선한 목자가 계신다(요 10:11-15,27-29).

『**도중에 아무에게도 인사하지 말라**』(4절). 수행해야 할 과업이 중요하기 때문에 도중에 인사하는 것이 금지된다. 인사를 꼭 했어야만 하는 사람이라면 임무를 수행한 후에 만나서 임무 수행을 위해 인사를 하지 말라는 명령을 받았었음을 설명하면 된다. 예수 그리스도의 명령을 수행하기 위해 "인간적인 인사치레나 친분관계" 같은 것을 잠깐 미뤄 두었음을 나중에라도 이해하지 못하는 사람이라면 그냥 모르는 사람처럼 지내도 된다.

『**또 너희가 어느 집에 들어가든지 먼저 '이 집에 화평이 있으라.'고 말하라. 또 화평의 아들이 거기 있다면 너희 화평이 그 위에 머물 것이요, 그렇지 않으면 그 화평은 너희에게로 되돌아 가리라**』(5,6절). 5절에서의 인사말은 하나님의 나라를 전파하는 것과 연관이 있다. 칠십 명은 사람들을 만나서 "하나님의 나라"를 전파하면서 동시에 『**화평의 통치자**』(사 9:6)이신 예수 그리스도를 전파하게 될 것이다. 만일 그들이 이 사실을 믿으면 『**화평의 아들**』이 되어 하나님의 화평이 그 위에 머물게 된다(빌 4:7, 골 3:15).

『**이 집에서 저 집으로 옮겨다니지 말라**』(7절). 이것은 사도행전 20:20에서 언급된 "집집마다 방문하는 것"과는 아무런 관련이 없다. 문맥적으로 예수님께서는 칠십 명에게 『**이 집에서 저 집으로**』 다니며 음식을 구걸하지 말라고 말씀하시는 것이다.

『**이는 일꾼이 자기 삯을 받는 것이 합당하기 때문이라**』(7절). 이것은 바울에 의해 신약적인 사역에서도 적용이 되는 원리이다(딤전 5:18, 고전 9:9-14). 사역자가 하나님께서 원하시는 방식으로 사역을 수행할 경우에 사역자의 수중에 떨어지는 어떤 좋은 것이라도 받을 수 있음을 의미한다. 누군가가 그 사역자가 수행한 사역에 감사하여 그 사역자를 좋게 대접하길 원한다면 그렇게 하게 하라. 그들이 그 사역자에게 선물을 주거나 무언가를 사 주길 원한다면 흔쾌히 받아도 된다.

성읍들을 저주하심

『내가 너희에게 말하노니 그 날에는 소돔이 그 성읍보다 더 견디기 쉬우리라. 코라신아, 너에게 화 있으리라! 벳새다야, 너에게 화 있으리라! 만일 너희 가운데서 행한 능력 있는 일들을 투로와 시돈에서 행하였더라면 그들은 벌써 베옷을 입고 재에 앉아 회개하였으리라. 그러나 심판 때에는 투로와 시돈이 너희보다 더 견디기 쉬우리라. 카퍼나움아, 하늘까지 높아진 너는 지옥까지 끌어내려지리라』(12-15절).

『**그 날**』(12절)은 『**심판 때**』(14절)이며, 마태복음 11:24과 마가복음 6:11에서 『**심판 날**』로 말씀하셨다. 14,15절의 설명으로 볼 때 『**그 날**』이 백보좌 심판임을 알 수 있다. 『**심판 때에 니느웨 사람들이 이 세대와 함께 일어나서 이 세대를 정죄하리니, 이는 그들이 요나의 전파로 회개하였기 때문이라. 그러나, 보라, 요나보다 더 위대한 이가 여기 있느니라**』(마 12:41). 요나는 누군가를 치유하거나 죽은 누군가를 살린 적이 없었고, 또 폭풍우를 멈춘 적도 없다. 니느웨 성읍을 통과하면서 단순히 전파했을 뿐인데, 그 니느웨 사람들은 회개했었다. 그러나 예수 그리스도께서는 3년 동안이나 이 유대 성읍들에서 사역을 하셨는데, 그들은 아직도 회개하지 않았다.

『**너희에게 듣는 자는 내게 듣는 것이요, 너희를 멸시하는 자는 나를 멸시하는 것이라**』(16절). 사도 바울은 이렇게 말했다. 『**그러므로 이제 우리는 그리스도를 대신한 대사들로서 하나님께서 우리를 통하여 너희를 권면하신 것같이 우리도 그리스도를 대신하여 너희에게 간구하노니 너희는 하나님과 화해하라.**』(고후 5:20)라고 말했고, 예수 그리스도께서는 제자들에게 『**세상이 너희를 미워하면 그것은 너희를 미워하기 이전에 나를 미워한 것임을 알라.**』(요 15:18)라고 말씀하셨다. 우리가 전파한 말씀을 거절한 사람들이 나중에 백보좌 심판에서 "예수 그리스도께서 직접 나타나서 말씀하셨다면 영접했을 것이다." 같은 말이나 "그 말이 사실이라고는 전혀 생각할 수 없었다."와 같은 말은 통하지 않는다. 왜냐하면 하나님께서는 우리가 전한 말과 예수 그리스도께서 직접 하신 말씀이 동등하다고 간주하실 뿐만 아니라, 우리에게 대우한 그대로를 예수 그리스도께 대우한 것으로 간주하시기 때문이다.

『**또 나를 멸시하는 자는 나를 보내신 분을 멸시함이라**』(16절). 예수 그리스도께서는 『**그 아들을 존경하지 않는 자는 그를 보내신 아버지를 존경하지 않는 것이라.**』(요 5:23)라고 말씀하셨다. 결국 16절 전체의 논리는 전파하는 그리스도인의 말에 어떻게 반응했는가가 예수 그리스도의 말씀에 어떻게 반응했는가와 동등하고, 예수 그리스도의 말씀에 어떻게 반응했는가가 하나님의 말씀에 어떻게 반응했는가와 동등하므로, 전파하는 그리스도인의 말에 어떻게 반응했는가는 하나님의 말씀에 어떻게 반응했는가와 동등하다는 것이다. 거듭난 그리스도인은 그의 구주와 하나이며, 그의 구주께서 아버지에 의해 보내심을 받은 것과 동일한 방식으로 보냄을 받는다(요 17:23; 20:21). 구원받지 않은 사람이 그리스도인이 전하는 복음을 거절할 때, 그는 그 그리스도인 안에 계시는 예수 그리스도를 거절하는 것이고, 죄인을 구원하기 위해 자신의 아들을 보내신 하나님을 거부하고 있는 것이다.

하늘에서 번개처럼 떨어진 사탄

『그 칠십 명이 기쁨으로 돌아와서 말하기를 "주여, 주의 이름을 대면 마귀들까지도 우리에게 복종하더이다."라고 하니라. 주께서 그들에게 말씀하시기를 "사탄이 하늘에서 번개처럼 떨어지는 것을 내가 보았노라. 보라, 내가 너희에게 뱀과 전갈을 밟으며 원수의 모든 능력을 제어할 권세를 주노니 아무것도 너희를 결코 해치지 못할 것이라. 그러나 영들이 너희에게 복종하는 이것으로 기뻐하지 말고, 오히려 너희 이름이 하늘에 기록된 것으로 기뻐하라."고 하시더라』(17-20절).

칠십 명은 복음 전도 여행에서 예수 그리스도의 이름으로 마귀들을 복종시킨 것에 대해 기뻐하며 돌아왔다. 그런데 예수 그리스도께서는 그들의 말에 바로 응답하지 않으시고 『**사탄이 하늘에서 번개처럼 떨어지는 것을 내가 보았노라.**』(18절)라고 말씀하신 후에 『**영들이 너희에게 복종하는 이것으로 기뻐하지 말고, 오히려 너희 이름이 하늘에 기록된 것으로 기뻐하라.**』(20절)라고 말씀하셨다. 우리가 이 땅에서 어떠한 능력을 발휘할지라도 그것이 우리가 구원받아 하늘에 우리 이름이 기록된 것보다 더 기쁠 수는 없다.

사탄은 성경에서 다섯 번 아래로 던져진다.

1. 창세기 1:2 이전에 셋째 하늘에서 하나님의 보좌를 덮는

"기름부음을 받은 그룹"으로서의 위치에서 둘째 하늘로 던져짐(겔 28:14-16).

2. 누가복음 10:18 이전의 어느 시점에선가 둘째 하늘에서 첫째 하늘로 던져짐(엡 2:21).
3. 대환란 기간에 첫째 하늘에서 지상으로 던져짐(계 12:7-9,12).
4. 재림 때에 지상에서 끝없이 깊은 구렁으로 던져짐(계 20:1-3).
5. 백보좌 심판 때 끝없이 깊은 구렁에서 불못으로 던져짐(계 20:10).

『**뱀과 전갈**』(19절)은 문자적인 뱀과 전갈(막 16:18, 행 28:3-6)의 언급임과 동시에 마귀와 그의 마귀들에 대한 언급이다. 『**전갈**』은 하나님을 대적하여 반역하고 그분의 말씀들을 거슬러 말하는 사람들이다(겔 2:6). 이 구절은 사도행전의 사도들에게 영적으로 적용할 수 있지만, 교리적인 의미로 보면 예언적인 구절이다. 대환란 기간에는 주님께서 다시 오시기 전에 『**이스라엘의 성읍들**』에 전파하게 될 유대인 복음 전파자들(계 7:3-8)이 문자 그대로 뱀들과 전갈들을 대면하게 되는데(계 12:9-17; 9:3-10), 예수 그리스도께서는 그것들을 발아래 짓밟을 수 있는 능력을 그들에게 주신다(시 91:13).

너희가 보는 것을 보는 눈들은 복이 있도다

『바로 그 시간에 예수께서는 영으로 기뻐하시며 말씀하시기를 "오 하늘과 땅의 주이신 아버지시여, 이런 일을 지혜롭고 슬기로운 사람들에게는 숨기시고 어린 아기들에게는 나타내신 것을 감

> 사하나이다. 그러하옵니다. 아버지시여, 이는 그렇게 하시는 것이 아버지 보시기에 선함이니이다… 또 주께서 제자들에게 돌아서서 따로 말씀하시기를 "너희가 보는 것을 보는 눈들은 복이 있도다. 내가 너희에게 말하노니 많은 선지자들과 왕들이 너희가 보는 것을 보고 싶어하였으나 보지 못하였고, 너희가 듣는 것을 듣고 싶어하였으나 듣지 못하였느니라."고 하시더라』(21,23,24절).

『**바로 그 시간에 예수께서는 영으로 기뻐하시며**』(21절). 이 구절은 예수 그리스도께서 무언가에 대해 기뻐하신 것에 대한 유일한 기록이다. 주님께서는 하나님 아버지께서 지혜롭다고 하는 사람들을 어리석게 만드시고 어리석다고 하는 자들을 지혜롭게 만드신 사실로 인해 기뻐하셨고, 이 사실을 감사하셨다. 하나님께서는 의도적으로 숨기시는데, 그 이유는 그들이 주님께서 자기들에게 그것을 제시하셨을 때 그것을 원하지 않았기 때문이다.

『**지혜롭고 슬기로운 사람들**』(21절)은 대제사장들과 서기관들과 바리새인들이다. 그들은 침례인 요한의 증거를 거부했고, 메시아로서의 예수 그리스도를 거절했다. 그래서 하나님께서는 그들에게 더 이상 어떤 계시도 주지 않으시고 숨기시는 것이다. 그런 사이에 주님께서는 일단의 세리들과 창녀들과 어부들에게 그러한 것들을 보여 주시는데, 이는 그들이 하나님의 말씀들을 받아들이고 믿기 때문이다.

보는 눈들이 복이 있다는 말씀과 다르게 예수 그리스도께서는 도마에게 『**네가 나를 보았으므로 믿는구나. 보지 않고 믿은 자들은 복이 있도다.**』(요 20:29)라고 말씀하셨다. 『**너희가 그를 보지 못하였으나 사랑하며, 지금도 그를 보지 못하나 믿고 있으며, 또 말할 수 없이 영광으로 가득 찬 기쁨으로 즐거워하나니 이는 너희 믿음의 결과, 곧 너희 혼들의 구원을 받음이니라**』(벧전 1:8,9).

영생을 상속받으려면 어떻게 하여야 하리이까?

『그런데, 보라, 한 율법사가 일어서서, 주를 시험하여 말씀드리기를 "선생님, 내가 영생을 상속받으려면 어떻게 하여야 하리이까?"라고 하니 주께서 그에게 말씀하시기를 "율법에는 무엇이라고 기록되어 있으며 너는 어떻게 읽느냐?"고 하시더라. 그가 대답하여 말씀드리기를 "'너는 네 마음을 다하고, 혼을 다하고, 힘을 다하고, 생각을 다하여 주 너의 하나님을 사랑하라. 또 네 이웃을 네 자신과 같이 사랑하라.'고 하였나이다."라고 하니, 주께서 그에게 말씀하시기를 "네가 옳게 대답하였도다. 이것을 행하라. 그러면 네가 살리라."고 하시더라』(25-28절).

『**선생님, 내가 영생을 상속받으려면 어떻게 하여야 하리이까?**』(25절) 이 율법사는 누가복음 18:18에서 그 젊은 부자 관원이 묻고 있는 것과 똑같은 질문을 예수 그리스도께 했고, 동일한 답변을 들었는데, "계명들"을 지키라는 것(눅 18:20), 즉 "행위들"에 관한 것이다. 이 본문과 누가복음 18장에서 "예수 그리스도를 믿는 믿음"에 관한 내용은 한 단어도 나오지 않는다. 오직 『**율법**』(26절)과 『**계명들**』(눅 18:20)뿐이다. 이것은 율법 아래에서 받게 되는 구약의 "구원"인데, 곧 "믿음에 더하여 행위들"이 요구되는 것이다. 『**네가 옳게 대답하였도다. 이것을 행하라. 그러면 네가 살리라.**』

예수 그리스도께서 그 율법사에게 『**율법에는 무엇이라고 기록되어 있으며**』(26절)라고 물으실 때, "영생을 상속받는 방법"에 대한 해답이 다른 곳이 아닌 "율법"에 있다는 사실을 분명히 하신 것이다. 율법사는 모든 율법과 선지서들의 요약이라 할 수 있는 두 가지 큰 계명들(마 22:35-40)을 올바르게 대답했다. 즉 첫째는 하나님을 사랑하는 것이고, 둘째는 이웃을 사랑하는 것이다.

선한 사마리아인의 비유

『예수께서 대답하여 말씀하시기를 "어떤 사람이 예루살렘에서 여리코로 내려가다가 강도들을 만났는데, 그들이 그의 옷을 벗기고 상처를 입히고 반쯤 죽은 채로 버려 두고 갔느니라... 그러나 여행하던 어떤 사마리아인이 그에게 와서 그를 보고 가엾게 여겨... 너는 이 세 사람 중에서 누가 강도들을 만난 사람의 이웃이었다고 생각하느냐?"고 하시니 그가 말씀드리기를 "그에게 자비를 베푼 사람이니이다."라고 하더라. 그때 예수께서 그에게 말씀하시기를 "가서 너도 그와 같이 하라."고 하시더라』(30,33,36,37절).

『**그러나 그는 자신을 의롭다고 주장하고 싶어서 예수께 말씀드리기를 "그런데 누가 나의 이웃이니이까?"라고 하니**』(29절). 이 율법사가 질문한 동기는 자신의 "의"를 드러내는 데 있었다. 이 율법사는 마가복음 12:28-34의 서기관과는 다르다. 그 서기관은 주님께 정직한 질문을 드렸고, 또 자신이 한 답변에 대해 주님께 칭찬을 들었다. 이 율법사는 자신이 첫 번째 큰 계명에 자신이 없었기 때문에, 대화의 초점을 두 번째 계명으로 옮기고 동시에 자신의 "의"를 드러내고자 이러한 질문을 한 것이다. 이 질문에 대해 주님께서는 "선한 사마리아인의 비유"로 대답하신다.

『**어떤 사람이 예루살렘에서 여리코로 내려가다가**』(30절). 예루살렘은 『**거룩한 성읍**』(느 11:1)이고, 여리코는 "저주받은" 성읍이다(수 6:26). 이것은 예표적으로 하나님의 복에서 하나님의 저주로 향해 가고 있는 사람의 모습을 보여주는데, 예수님께서 "어떤 사람이 내려갔다"고 하셨을 때 그것은 산지에 있는 예루살렘 성읍에서 평지에 있는 여리코 성읍을 향해 가는 것과 함께 영적으로

낮은 수준, 즉 죄와 파멸로 내려가는 사람을 묘사하고 있는 것이다.

『강도들을 만났는데, 그들이 그의 옷을 벗기고 상처를 입히고 반쯤 죽은 채로 버려 두고 갔느니라』(30절). **『강도들』**은 죄인을 지옥으로 보낼 의도로 그의 마음으로부터 하나님의 말씀을 도둑질해 가는(눅 8:12) 마귀의 유형이다. 그 죄인은 어떤 의로움이나 선함도 남아 있지 않은 벗겨진 상태로 버려져 있다. 그는 스스로의 능력으로는 어떻게 해 볼 수 없는 정도로 **『상처』**를 입었다.

『자기 짐승에 태워』(34절). 그 짐승은 노새나 나귀였을 것이다. 그것은 회심한 죄인의 모습을 보여 준다. 어떤 사람이 구원을 받게 되면, 그는 반드시 더 성숙한 그리스도인의 도움과 인도를 받아야 한다.

『여관으로 데려가서』(34절). 이 여관은 그 다친 사람이 도움을 받고 쉬며 회복할 수 있는 장소였다. 새로운 회심자는 하나님의 말씀을 통해 건전한 설교와 가르침을 받을 수 있고 올바른 교제를 통해 옛 생활에서 돌이켜 올바른 생활을 하도록 이끌어 주는 좋은 교회로 들어가야 한다.

『그 다음 날 그가 떠나면서 두 데나리온을 꺼내어 여관 주인에게 주면서 말하기를 '이 사람을 돌보아 주라. 비용이 얼마가 더 든다 해도 내가 돌아오는 길에 갚으리라.'고 하였느니라』(35절). 이것은 하나님께서 우리에게 명령하신 것을 수행하는 데 필요한 모든 것을 우리에게 공급해 주실 것이라는 약속이다(고후 9:8-10). 그리고 휴거 때 주님께서 우리를 데리러 돌아오실 때, 우리가 주님을 위해 행한 것은 무엇이든지 보상받게 될 것이라는 약속이기도 하다(고전 3:11-14, 고후 5:10).

『너는 이 세 사람 중에서 누가 강도들을 만난 사람의 이웃이었다고 생각하느냐?"고 하시니』(36절). 강도들을 만난 사람을 도와준 사람은 멸시를 받는 사마리아인이었다. 사마리아인과 같은 어떤 사람이 자비를 보여 줌으로써 어떤 유대인에게 좋은 이웃이 될 수 있다면, "네 이웃을 네 자신과 같이 사랑하라."라는 율법을 알고 있는 유대인이라면 당연히 자비를 베풀었어야 한다. 그러나

이 율법사는 이러한 율법을 알고 있었지만 행하는 사람이 아니었다. 그렇기에 예수 그리스도께서 『**이것을 행하라. 그러면 네가 살리라.**』(28절)라고 말씀하신 것이었다. 그러나 율법사는 이 명령의 진의를 이해하지 못하고, 자신을 의롭다고 주장하고 싶어서 누가 이웃인지 질문한 것이었다. "선한 사마리아인의 비유"를 말씀하신 후 예수님께서는 율법사에게 『**가서 너도 그와 같이 하라.**』(37절) 즉 "이는 그대로 실천하라."라고 다시 말씀하신 것이다.

마르다와 마리아

『예수께서 대답하여, 그녀에게 말씀하시기를 "마르다야, 마르다야, 네가 많은 일로 염려하며 수고하고 있으나 필요한 것은 한 가지뿐이니라. 마리아는 이 좋은 편을 택하였으니 그녀에게서 그것을 빼앗지 못하리라."고 하시더라』(41,42절).

마르다는 예수님을 자기 집으로 영접하여 접대를 하고 있었다. 마르다의 문제는 그녀가 접대를 하고 있는 것 자체가 아니었다. 그녀의 문제는 "접대하는 일이 많아서 경황이 없었다"는 데 있었다(40절). 예수님께서는 접대받는 것보다 말씀을 가르치시는 데 더 많은 관심을 가지고 계셨다. 『**필요한 것은 이 한 가지뿐이니라**』(42절). 예수님께서는 마르다도 동생인 마리아와 함께 앉아서 예수님의 말씀을 듣기를 바라셨던 것이다. 그 후에 예수님께서 적절한 시점에 접대를 하도록 알려 주셨을 것이다. **마르다의 잘못은 "예수님께서 원하시는 것"이 무엇인지 생각하지 않고 "자신이 원하는 것"에 집중했다는 것이다.** 많은 그리스도인들이 이러한 잘못을 행하고 있다는 것을 명심하고 자신을 돌아보자.

제5과
복습문제

1. 『그러므로 주께서 그들에게 말씀하시기를 "참으로 추수할 것은 많으나 (　　　　　)들이 적도다. 그러므로 너희는 추수의 주께 기도하여 추수할 (　　　　　)들을 보내 주시라고 하라』(눅 10:2).

2. 『또 너희가 어느 집에 들어가든지 먼저 '이 집에 (　　　　　)이 있으라.'고 말하라. 또 (　　　　　)의 아들이 거기 있다면 너희 (　　　　　)이 그 위에 머물 것이요, 그렇지 않으면 그 (　　　　　)은 너희에게로 되돌아 가리라』(눅 10:5,6).

3. 『그러나 영들이 너희에게 복종하는 이것으로 기뻐하지 말고, 오히려 너희 (　　　　　)이 하늘에 기록된 것으로 기뻐하라."고 하시더라』(눅 10:20).

4. 『너는 네 마음을 다하고, 혼을 다하고, 힘을 다하고, 생각을 다하여 주 너의 (　　　　　)을 사랑하라. 또 네 (　　　　　)을 네 자신과 같이 사랑하라』(눅 10:27).

■ 새롭게 깨달았거나 적용할 내용이 있다면 적어 보세요. ■

NOTES

NOTES

복습 문제 정답

제1과

1. 주
2. 이스라엘
3. 이스라엘
4. 사도들, 아버지
5. 왕

제2과

1. O
2. O
3. O
4. O
5. O

제3과

1. X
2. X
3. 너희의 믿음이 어디에 있느냐?
4. X
5. X

제4과

1. 하나님의 나라
2. X
3. O
4. X
5. X
6. 뒤를 돌아보는

제5과

1. 일꾼, 일꾼
2. 화평, 화평, 화평, 화평
3. 이름
4. 하나님, 이웃

솔로몬 성경공부 시리즈

누가복음

제2권 안식일의 주이신 예수 그리스도(6-10장)

초판1쇄 2025년 5월 8일
초판3쇄 2025년 7월 18일
지 은 이 / 편 집 부
발 행 인 / 박 승 용
발 행 처 / 말씀보존학회
출판등록 / 제409-2022-000036호
주 소 / 서울 강서우체국 사서함 제90호
전 화 / (02) 2665 - 3743
팩 스 / (02) 2665 - 3302
인 터 넷 / www.biblemaster.co.kr

잘못된 책은 바꿔 드립니다.

값 10,000 원